Les salades d'été ont resurgi sur les terrasses. Mais si elles sont équilibrées, légères, goûteuses et pleines de vitamines, elles manquent souvent d'originalité. Pour innover et trouver le bon mélange entre fruits, légumes et plantes aromatiques, on peut piocher des idées dans *Mes petites salades magiques*, de Cathy Selena [...]. Les trente recettes sont accompagnées d'informations sur les bienfaits des ingrédients et d'un calendrier de fruits et légumes de saison.

Métro

Régal à petits prix !

Découvrez comment préparer de délicieuses salades légères détox, belle peau, anti-stress et ventre plat grâce à *Mes petites salades magiques* de Cathy Selena.

Plaisir de recevoir

Diurétique, antioxydante ou détox...

Toutes les salades n'ont pas les mêmes vertus. Cathy Selena nous apprend à choisir les légumes et fruits selon les saisons et a les marier avec les bonnes plantes aromatiques pour en obtenir tous les bienfaits. Quand la cuisine se fait magicienne, on n'a qu'une envie concocter des tonnes de salades.

Jeune & Jolie

Du même auteur, aux Éditions Leduc.s

Mes petites recettes radines, 2009.
Mes petites soupes magiques, 2008.

Retrouvez nos prochaines parutions, les ouvrages du catalogue, des interviews d'auteurs et les événements à ne pas rater. Votre avis nous intéresse : dialoguez avec nos auteurs et nos éditeurs. Tout cela et plus encore sur Internet à :

http://blog.editionsleduc.com

Deuxième impression (avril 2010)
33, rue Linné
75005 Paris – France
E-mail : info@editionsleduc.com
ISBN : 978-2-84899-315-7

CATHY SELENA

MES PETITES SALADES MAGIQUES

LEDUC.S
EDITIONS

Sommaire

Introduction

Quand vient l'été, que les premiers rayons du soleil se mettent à réchauffer nos corps et nos cœurs, que l'on abandonne les pulls au profit des tops – bien plus seyants – et que se profilent les vacances, on commence à rêver de plages et de sable blond… le shopping « maillot de bain » fait son apparition sur les pages de nos magazines et dans les vitrines de nos boutiques préférées. On admire, on est tentées, on exulte puis on essaye, bien décidées à jouer les sirènes le temps d'une saison. C'est alors que les petites imperfections camouflées par les tenues d'hiver se dévoilent sans complexes – si ce n'est les nôtres – devant notre miroir à reflet grossissant qui nous laisse pantoises devant les bourrelets, et déprimées de s'être ainsi laissées aller…

Il n'est pas encore trop tard pour réagir. Ces mêmes magazines qui nous présentent avec enthousiasme les collections d'été arborent triomphalement un « cahier spécial régime » pour perdre nos kilos superflus en moins de temps qu'il ne faut pour le lire. C'est facile et ça peut rapporter une silhouette longiligne en quelques semaines, pourvu que l'on soit assez motivée pour ne se nourrir que de protéines, de légumes et de fruits frais. Et c'est là que le bât blesse. Avec les beaux jours, nos hormones se réveillent, notre sensualité se décuple et notre appétit s'aiguise ! Après l'hibernation, vive les fêtes et les barbecues improvisés, les mariages multiples et les communions endiablées. Le temps des invitations ne sert pas notre ligne et quand bien même nous voudrions mincir, notre agenda ne nous le permet pas !

Alors, pour mener à bien cette période faste sans restrictions ni frustrations, je vous propose de rafraîchir vos salades à tous les repas, en vous délectant de nouvelles saveurs qui vous feront mincir… de plaisir ! En entrée, en plat principal ou en dessert, vous aurez le loisir de diversifier vos menus et d'étonner vos invités avec des salades inédites, originales et raffinées.

Salades vertes, salades de fruits et légumes de saison ou salades de fruits exotiques, elles sauront agrémenter vos déjeuners et vos dîners d'une touche insolite qui ne laissera personne de glace. Je vous ai concocté des mélanges soigneusement sélectionnés pour séduire les palais les plus subtils. Ainsi, vous allez pouvoir vous gorger de vitamines et découvrir les saveurs délicates des herbes, racines et autres épices aux multiples vertus. Et comme le plaisir des papilles s'associe à celui des pupilles, présentez vos salades dans des coupes que vous allez pouvoir décorer en fonction de la situation. Pourquoi des coupes ? Parce qu'elles existent sous différentes formes, plus jolies les unes que les autres et que la qualité est toujours préférable à la quantité.

100 recettes de salades inédites, 100 recettes de salades magiques…

Sans oublier les vinaigrettes aromatiques… Cette touche finale et indispensable ne saurait être négligée. Variez les plaisirs, les senteurs et les saveurs à volonté pour que vos petites salades magiques exaltent votre été d'un arôme féerique tout en préservant votre vitalité. Oubliez les régimes… adoptez la salade-attitude, nouvelle génération !

Je vous souhaite un bel été magique…

Conseils pratiques pour mes salades aromatiques

Customisez vos coupes !

Une salade, qu'elle soit de fruits ou de légumes, est bien plus joliment présentée dans une coupe ou un bol coloré que dans une assiette. Outre l'aspect esthétique, c'est la quantité qui sera réduite, un effet recherché pour une salade de santé. En effet, tout comme la soupe, la salade est une entrée parfaite qui permet de se rassasier et de limiter les grands appétits. De plus, les crudités doivent toujours être consommées avec modération pour ne pas irriter les intestins et sont à privilégier en début de repas. Ainsi, donnez à vos salades un air de fête en customisant vos coupes avec quelques petites astuces faciles à appliquer.

Déco fruits et légumes

- Les zestes de fruits sont toujours à l'honneur pour apporter de la couleur et de la fantaisie à une salade de fruits ou de légumes. À l'aide d'un économe ou d'un canneleur, prélevez le zeste d'une orange, d'un citron ou d'un pamplemousse que vous accrocherez sur le bord de votre coupe ou que vous enroulerez autour d'une paille ou d'une pique en bois.
- Mettez en valeur l'un des fruits ou des légumes qui composent votre salade. Découpez une fine rondelle de kiwi, de banane ou une tranche de melon ou de pastèque. Incisez-la sur la tranche afin qu'elle tienne sur le bord de la coupe. Côté légumes, pensez à la courgette, à la carotte, au navet ou au concombre. Toutes les idées sont bonnes pourvu que les fruits et les légumes choisis tiennent en équilibre sur le bord de la coupe.
- Sculptez les légumes en forme de fleurs puis décorez votre coupe avec vos œuvres d'art, soit en les déposant sur le dessus de votre salade, soit en les piquant sur des piques en bois. Pour réaliser un bouquet comestible, choisissez des légumes à chair ferme tels que les carottes, les navets, les poireaux, les courgettes ou les radis, et lavez-les soigneusement.

Fleur de carotte : coupez un tronçon de carotte puis, à l'aide d'un petit couteau pointu, arrondissez les angles pour obtenir une boule. Incisez le dessus de la boule en formant un grand cercle puis reformez un plus petit cercle à l'intérieur et ainsi de suite.

Fleur de navet : coupez un tronçon de navet puis pelez des lamelles fines en forme de pointe découpez finement des lanières en forme de pointe tout autour. Recommencez l'opération à l'intérieur en faisant plusieurs fois le tour jusqu'au centre.

Fleur de poireau : coupez un tronçon dans le blanc de poireau puis incisez-le perpendiculairement de part et d'autre jusqu'à la base. Immergez-le dans un récipient d'eau glacée et les pétales s'ouvriront après quelques minutes.

Fleur de courgette : coupez une grosse rondelle puis sur l'une des faces, dessinez une étoile à l'aide d'un petit couteau pointu. Retirez la chair autour du dessin pour donner une impression de relief.

Fleur de radis : ôtez-lui son feuillage puis incisez-le de part et d'autre jusqu'à la moitié. Immergez-le dans un récipient d'eau glacée pour que les pétales s'ouvrent.

Anthurium : découpez un pétale en forme de cœur dans un poivron rouge. Découpez une longue et fine lamelle dans un poireau puis percez-en le centre du poivron en laissant dépasser trois bons centimètres. Vous avez la tige et le cœur de votre anthurium.

Fleur de piment : coupez la pointe d'un petit piment rouge ou vert puis incisez-le en fines lamelles jusqu'au pédoncule.

Rose rouge : pelez délicatement une tomate puis enroulez la peau en torsades.

Chrysanthème : épluchez un bel oignon puis incisez-le en quatre, en huit et en seize avec un petit couteau pointu. Immergez-le dans un récipient d'eau glacée pour que les pétales s'ouvrent.

Des coupes givrées

Très simple à réaliser, le givrage des coupes fait toujours de l'effet pour présenter une salade de fruits ! Pour obtenir un résultat optimal, trempez le bord de la coupe dans un jus de fruits ou un sirop si vous souhaitez un résultat coloré. Jus d'orange, de citron, de raisin, sirop de grenadine ou de menthe et même curaçao bleu conviendront parfaitement. Ensuite, posez le rebord de la coupe dans du sucre glace, en poudre, blanc ou roux, mais également dans une poudre d'amandes ou de noix de coco.

Le bon choix des fruits, des légumes et des herbes aromatiques

On ne le répétera jamais assez : ce sont les fruits et les légumes de saison qu'il est bon de consommer ! Pourquoi ? Parce que hors saison ils ont été conservés au froid trop longtemps après une culture en serre ou importés de pays chauds et traités pour supporter le voyage, ce qui amenuise considérablement leurs qualités nutritionnelles. Souvent cueillis avant maturité, ils sont alors moins savoureux et moins odorants. Il est donc préférable de réaliser vos salades avec des fruits ou des légumes de saison, achetés sur le marché ou à un primeur, plutôt qu'en supermarché où, stockés en vrac à l'air et à la lumière durant des jours, ils subissent une perte sèche en vitamines et sels minéraux. Préférez les fruits et les légumes rangés dans des cageots ou sous plastique, de ferme consistance, sans taches ni meurtrissures. Le bio reste le *nec plus ultra* et, dans un contexte de salades minceur ou énergétiques, il serait dommage de s'en passer. Cela permet de faire le plein de vitamines en consommant les fruits et les légumes avec la peau et sans avaler de pesticides. Pensez à les acheter directement chez le producteur. De nombreuses fermes proposent la cueillette des fruits et légumes de saison, ce qui offre l'avantage de consommer des produits frais à moindre coût.

Quant aux herbes aromatiques, elles doivent être soigneusement sélectionnées pour leur fraîcheur et être consommées rapidement. Afin de bénéficier pleinement de leur arôme et de leurs vertus médicinales, préférez le surgelé au conditionnement séché, l'idéal étant de devenir jardinière à vos heures perdues ! Sur un balcon, dans un coin de jardin ou sur le rebord d'une fenêtre, la clé du succès de vos plantations réside dans le choix de l'emplacement. Les herbes aromatiques ont besoin de beaucoup de lumière, de peu de vent et d'un soleil modéré pour ne pas sécher avant même de pousser. Et si vous n'avez pas la main verte, achetez une persillère avec un système de rizières étagées pour avoir des herbes fraîches toute l'année.

Calendrier des fruits, légumes et aromates

Janvier

Fruits : citron niçois, clémentine, kiwi, mandarine, orange, noix, poire, pomme.

Légumes : betterave, cardon, carotte, céleri branche, céleri-rave, choux (vert, rouge, frisé, pommé, de Bruxelles, brocoli), courges (courge, citrouille, potiron, potimarron), crosne, endive, navet, panais, poireau, pomme de terre, salsifis, topinambour.

Aromates : ail, échalote, oignon.

Février

Fruits : citron niçois, kiwi, orange, noix, poire, pomme.

Légumes : betterave, cardon, carotte, céleri-rave, choux (de Bruxelles, pommé, rouge, brocoli), courges (courge, citrouille, potiron, potimarron), crosne, endive, fenouil, navet, panais, poireau, pomme de terre, rutabaga, salsifis, topinambour.

Aromates : échalote, oignon.

Mars

Fruits : citron niçois, kiwi, noix, orange, pomme.

Légumes : betterave, cardon, carotte, céleri-rave, endive, navet, oseille, panais, poireau, pomme de terre, potiron, salsifis, topinambour.

Aromates : échalote, oignon.

Avril

Fruits : kiwi, pomme.

Légumes : artichaut (camus breton), asperge, blette (ou bette), carotte, chou-fleur, cresson, épinard, fève, navet, oseille, petit pois, poivrade, poireau, pomme de terre, radis rose.

Aromates : échalote, oignon.

Mai

Fruits : cerise, rhubarbe.

Légumes : artichaut, asperge, blette (ou bette), chou-fleur, cresson, épinard, fève, haricot vert, oseille, petit pois, poivrade, radis rose.

Aromates : échalote, oignon.

Juin

Fruits : abricot, amande, cerise, citron, figue, fraise, framboise, melon.

Légumes : artichaut, asperge, blette (ou bette), cerfeuil, chou-fleur, courgette (ronde de Nice ou blanche de Virginie), fenouil, fève, haricot vert, oseille, petit pois, pomme de terre (primeur), radis rose.

Aromates : aneth, basilic, ciboulette, coriandre, échalote, estragon, laurier, marjolaine, menthe, oignon, origan, persil, piment, romarin, sauge, thym.

Juillet

Fruits : abricot, brugnon, cassis, cerise, figue, fraise, framboise, groseille, mirabelle, mûre, myrtille, pastèque, pêche, prune, tomate.

Légumes : artichaut, aubergine, blette (ou bette), brocolis, carotte, concombre, cornichon, courgette, fenouil, fève, haricot vert, petit pois, pomme de terre.

Aromates : ail, échalote, oignon.

Août

Fruits : abricot, cassis, figue, fraise, framboise, groseille, melon, mirabelle, mûre, myrtille, pêche, prune, raisin, tomate.

Légumes : artichaut, aubergine, blette (ou bette), brocolis, carotte, concombre, courgette, fenouil, flageolet, haricot vert, maïs, poireau, poivron, pomme de terre, salsifis.

Aromates : ail, échalote, oignon.

Septembre

Fruits : citron, figue, fraise, framboise, melon, mirabelle, mûre, myrtille, pêche, poire, pomme, prune, raisin, tomate.

Légumes : artichaut, aubergine, betterave, blette (ou bette), bolets, brocolis, carotte, cèpe, chou, chou de Bruxelles, chou-fleur, concombre, courges (courge, citrouille, potiron, potimarron…), courgette, épinard, fenouil, flageolet, girolle, haricots (coco paimpolais, lingot, mogette, haricot blanc), haricot vert, maïs, poireau, poivron, pomme de terre, radis rose, salsifis.

Aromates : échalote, oignon.

Octobre

Fruits : châtaigne, coing, feijoa, figue (fraîche), fraise, framboise, kiwaï, noix, pêche de vigne, poire, pomme, raisin.

Légumes : artichaut, aubergine, betterave, blette (ou bette), brocolis, carotte, céleri-rave, chou, chou de Bruxelles, chou-fleur, concombre, courges (courge, citrouille, potiron, potimarron), courgette, épinard, fenouil, haricot vert, navet, panais, poireau, poivron, pomme de terre (de conservation), radis rose, salsifis, tomate, topinambour.

Aromates : échalote, oignon.

Novembre

Fruits : châtaigne, coing, datte, feijoa, kaki, kiwaï, noix, poire, pomme, raisin.

Légumes : betterave, blette (ou bette), bolet, brocolis, carotte, céleri branche, céleri-rave, chou, chou de Bruxelles, cèpe, chou rouge, chou-fleur, courges (courge, citrouille, potiron, potimarron...), crosne, endive, épinard, navet, panais, poireau, pomme de terre (de conservation), radis rose, salsifis, topinambour.

Aromates : échalote, oignon.

Décembre

Fruits : châtaigne, clémentine, datte, kiwi, mandarine, noix, orange, pamplemousse, poire, pomme.

Légumes : betterave, cardon, carotte, céleri-rave, choux (de Bruxelles, rouge), courges (courge, citrouille, potiron, potimarron), endive, igname, navet, panais, poireau, pomme de terre (de conservation), salsifis, topinambour.

Aromates : échalote, oignon.

Trucs et astuces de préparation

Le lavage des fruits et des légumes n'est pas en option, il est important de ne pas négliger cette phase de préparation. Concernant les légumes à chair ferme et les fruits robustes, on les rincera abondamment sous l'eau, en prenant soin d'enlever la terre avec une petite brosse. Les framboises seront rincées au dernier moment pour ne pas qu'elles s'écrasent et qu'elles perdent de leur jus. Les fraises seront rincées une à une puis équeutées ensuite. Pensez à conserver tout ou partie de la peau, car c'est souvent là que se loge l'essentiel des fibres, vitamines et minéraux.

Trucs et astuces de conservation

Les fruits ont un temps de conservation assez court. Prenez l'habitude de les retirer tout de suite de leur emballage et de les disposer sur un essuie-tout dans le bac à légumes, avec un bouchon en liège qui va absorber l'humidité et retarder le processus de moisissure. Dans une corbeille à température ambiante, vous déposerez un citron pour retarder la maturation. Pour vous donner une durée indicative de conservation des fruits et des légumes au réfrigérateur (vérifiez qu'il est bien à 4 °C et nettoyez-le soigneusement une fois par semaine), reportez-vous au tableau suivant :

DURÉE DE CONSERVATION	FRUITS ET LÉGUMES
1 jour	Maïs.
2 jours	Anones, bananes, goyaves, petits pois.
3 jours	Cerises.
4 jours	Asperges, avocats, courges d'été, litchis, endives, épinards, herbes aromatiques, framboises, melon, pêches, poires, nectarines.

5 jours	Aubergines, brocolis, champignons, choux-fleurs, fraises, haricots, prunes, raisins.
1 semaine	Abricots, artichauts, concombres, courgettes, feijoas, figues, figues de Barbarie, fruits de la passion, kiwis, litchis, longanes, mangues, mangoustans, navets, poireaux, poivrons, pommes de terre nouvelles, radis, tomates.
2 semaines	Agrumes, caramboles, carottes nouvelles, céleris, choux, grenades, pommes.
3 semaines	Kumquats.
1 mois	Carottes, nashis.

Les bienfaits de la salade verte

La salade verte a une place de choix dans le cadre d'un régime car elle est riche en nutriments, ultralégère avec ses 92 % d'eau et ses 13 calories aux 100 grammes. Elle contient des fibres végétales, des caroténoïdes, des vitamines B, C et E, ainsi que des minéraux et des oligo-éléments. Par exemple, 100 grammes de laitue couvrent 27 % de nos besoins quotidiens en vitamine B9, essentielle au renouvellement des cellules. Et ils représentent 18 % de nos apports recommandés en provitamine A, indispensable pour ses propriétés antioxydantes. À noter : plus le vert des feuilles est foncé, plus elles sont riches en nutriments. Parmi cette ronde de salades, nul doute que vous saurez trouver celle qui correspond le mieux à vos attentes.

La famille des laitues

Feuilles tendres, saveur douce, à marier avec toutes les sauces aux agrumes, et tous les fruits et les légumes, la famille des laitues se décline en plusieurs variétés, toutes plus savoureuses les unes que les autres.

La laitue iceberg

Ultracroquante, facile à préparer et championne de la conservation : jusqu'à huit jours sans se froisser ! À servir avec une vinaigrette à base d'huile d'olive, d'ail, d'oignons, de fruits secs, de noix, de citron ou de yaourt.

La batavia

Une saveur légèrement sucrée, une préparation facile et une bonne conservation. Se marie bien avec le concombre, les pousses d'épinards, les noix et noisettes, les radis et la tomate. À servir avec une vinaigrette à base d'huile d'olive, de citron, de sauce soja ou de yaourt.

La feuille de chêne

Une variété au petit goût de noisette, à consommer rapidement.

La lollo rossa

Une laitue non pommée aux jolies feuilles gaufrées et violacées. Saveur douce qui peut être relevée par une sauce aux agrumes ou une sauce pimentée.

La romaine

De forme allongée avec de grosses nervures centrales sur les feuilles, cette variété a un goût assez prononcé. Se marie bien avec l'artichaut, la batavia, le concombre, le cresson, le fenouil, la laitue, les noix, les radis ou les tomates. À servir avec une vinaigrette à base d'huile d'olive, d'ail, de citron ou de yaourt.

La famille des chicorées

Longtemps boudée par les Occidentaux, cette famille de salade a pourtant bien des vertus à revendre. Les différentes variétés ont en commun une forte action dépurative sur l'organisme, et sur le foie plus précisément. Malgré leur amertume, les feuilles se marient agréablement à de nombreux fruits et légumes. C'est ensuite la vinaigrette qui adoucira ou relèvera le goût au final.

La frisée

Une pointe d'amertume, délicieuse avec de l'huile de noix.

La scarole

Ses feuilles larges et ondulées s'accordent parfaitement avec des sauces douces, relevées de jus de fruits, ou avec des agrumes et des fruits exotiques.

Les endives

Feuilles oblongues, croquantes et légèrement amères. Se marie bien avec la betterave, le céleri, les champignons, la chicorée, les dattes, le kiwi, la mâche, la mangue, les noix, l'orange, le raisin, le roquefort, la roquette, la trévise. À servir avec une vinaigrette à base d'huile d'olive ou de noix, d'ail, de citron, d'échalotes ou de yaourt.

La trévise

Une chicorée sauvage aux feuilles rouge sombre avec un petit goût poivré. Se marie bien avec l'avocat, la batavia, le cresson, l'endive, la laitue, les noix et les noisettes, la pomme, la pomme de terre, le roquefort, la romaine et la trévise. À servir avec une vinaigrette à base d'huile de noix, d'ail, de citron ou de yaourt.

Et les autres…

La mâche

Ses petites feuilles vertes qui se présentent en bouquets ont un léger goût de noix. Se marie bien avec la betterave, le céleri-rave, les champignons, les haricots verts, les lardons, les noix, la pomme, le raisin, la tomate et la trévise. À servir avec une vinaigrette à base d'huile de noix ou d'olive, d'ail, de citron ou de yaourt.

Le cresson

Un goût plus prononcé que la mâche avec une saveur légèrement acide et poivrée. Se marie bien avec l'avocat, la batavia, le céleri branche, la laitue, les agrumes, le poivron, la romaine, les amandes, la tomate. À servir avec une vinaigrette à base d'huile d'olive, d'ail, de citron ou de yaourt.

Le pissenlit

Cette herbe sauvage au goût fort et amer se marie bien avec les pommes de terre, les fruits exotiques, les poissons fumés, les œufs et les lardons. À servir avec une vinaigrette relevée à base d'huile d'olive, d'ail, de citron, de piment ou de yaourt.

La roquette

Saveur légèrement piquante et poivrée, ses pousses ont un petit goût de noisette. Elle était réputée aphrodisiaque dans l'Antiquité.

La pousse d'épinard

Se marie bien avec les agrumes, champignons, les oignons, les noix, les petits pois, les pommes de terre, la tomate et la trévise. À servir avec une vinaigrette relevée à base d'huile d'olive, d'ail, de citron, de piment ou de yaourt.

Trucs et astuces de préparation et de conservation

Pour celles qui ont la main verte, les salades seront de toute beauté dans votre potager. Elles sont assez simples à cultiver, sont la fierté de la jardinière et, en faisant le tour des multiples variétés, on peut en planter et en récolter toute l'année ! Les plants sont en vente dans toutes les jardineries et il suffit de suivre les instructions et de respecter les saisons. Pour autant, si vous avez bien trop à faire pour retourner la terre, suivez ces quelques conseils de préparation et de conservation :

- Choisissez votre salade verte fraîche et brillante, sans feuilles flétries.
- Lorsque vous lavez votre salade verte, évitez les bains prolongés qui lui font perdre ses vitamines.
- Pour rafraîchir une salade dont les feuilles commencent à se flétrir, épluchez-la puis plongez-la dans de l'eau additionnée d'un morceau de sucre pendant une heure. Vous pouvez également alterner un bain tiède et un bain glacé.
- Conservez votre salade plus longtemps en l'épluchant et en la lavant tout de suite après l'avoir achetée. Prenez soin de bien l'essorer et placez-la dans un grand sac de congélation dans le bac à légumes du frigo. Vous pourrez ainsi la consommer en plusieurs fois tout au long de la semaine.
- Assaisonnez votre salade au dernier moment car l'acidité de la vinaigrette risque de « cuire » les feuilles.

Calendrier de dégustation des salades

Janvier

Cresson, lollo rossa, trévise, mâche.

Février

Cresson, frisée, lollo rossa, trévise, mâche.

Mars

Batavia, cresson, lollo rossa, trévise, pissenlit, mâche.

Avril

Batavia, cresson, feuille de chêne, lollo rossa, frisée, romaine, pissenlit, mâche.

Mai

Épinard, endive, batavia, cresson, feuille de chêne, lollo rossa, romaine, laitue, pourpier, roquette, scarole.

Juin

Épinard, batavia, endive, feuille de chêne, laitue, lollo rossa, romaine, scarole, roquette.

Juillet

Épinard, endive, batavia, feuille de chêne, laitue, lollo rossa, romaine, scarole, roquette.

Août

Épinard, batavia, endive, feuille de chêne, laitue, lollo rossa, chicorée, romaine, scarole, roquette.

Septembre

Épinard, batavia, endive, feuille de chêne, frisée, laitue, lollo rossa, romaine, scarole, chicorée, roquette.

Octobre

Épinard, batavia, cresson, endive, laitue, feuille de chêne, lollo rossa, romaine, scarole, mâche, Trévise, chicorée.

Novembre

Épinard, batavia, cresson, Trévise, laitue, feuille de chêne, lollo rossa, mâche, scarole, chicorée.

Décembre

Épinard, cresson, lollo rossa, mâche, trévise, chicorée.

Les pouvoirs magiques des fruits et des légumes d'été

Les fruits d'été

Abricot

Je le choisis : bien mûr, souple au toucher avec une odeur parfumée.

Ses pouvoirs magiques : digeste, énergétique, minceur.

Riche en fibres et en pectine, il régule le transit intestinal.
Riche en phosphore et en magnésium, il booste les neurones.

Peu calorique et coupe-faim, c'est le fruit idéal dans le cadre d'un régime.
Antioxydant, il vous fait la peau douce et préserve la jeunesse de vos cellules.
Très riche en potassium, il est indiqué aux sportifs pour limiter les troubles articulaires et musculaires.

Cassis

✋ Je le choisis : grappes pulpeuses à la peau lisse.

★ Ses pouvoirs magiques : antifatigue, digeste, anti-âge.

Très riche en vitamine C avec une teneur élevée en potassium, calcium et magnésium, il redonne de l'énergie et chasse les états dépressifs.
Riche en fibres, il régule le transit intestinal.
Antioxydant, c'est le fruit de la longévité et des yeux fatigués.

Cerise

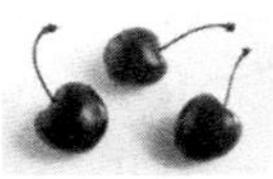

✋ Je la choisis : ferme, ronde, charnue avec des queues bien attachées.

★ Ses pouvoirs magiques : détox, énergétique, minceur, diurétique, laxative.

Très sucrée, elle est énergétique et redonne du tonus.

Riche en vitamines, sels minéraux et en eau, elle draine l'organisme en profondeur.
Antioxydante, elle aide au renouvellement cellulaire et cutané.

Citron

Je le choisis : ferme, jaune, lisse et brillant.

Ses pouvoirs magiques : énergétique, diurétique, antiseptique, minceur.

Riche en vitamine C, il redonne du tonus et de l'énergie.
Antioxydant grâce aux flavonoïdes, il prévient les maladies cardio-vasculaires.
Riche en sels minéraux et oligo-éléments, il stimule le système nerveux avec une action antiseptique.
Dépuratif, il nettoie l'organisme et favorise l'amincissement.

Figue fraîche

Je la choisis : charnue, tendre, avec une tache blanche à sa base et une queue ferme.

Ses pouvoirs magiques : énergétique, digeste, laxative.

Riche en vitamines, fer et sels minéraux, elle est très énergétique sans être trop calorique.
Très riche en fibres, elle régule le transit intestinal.

Fraise

Je la choisis : rouge vif, ferme, brillante, sans taches ni meurtrissures.

Ses pouvoirs magiques : reminéralisante, nutritive, diurétique, minceur.

Riche en vitamines, en sels minéraux et en eau, elle est énergétique et détoxifiante.
Antioxydante grâce à un groupe d'actifs très complémentaires, elle lutte efficacement contre les radicaux libres.
Diurétique, elle favorise l'élimination de l'acide urique, en cas de goutte, par exemple, ou de rhumatismes articulaires.
Elle est recommandée aux personnes souffrant d'hypertension.
Elle agit sur les voies biliaires en tant que régulatrice du système hépatique.

Framboise

Je la choisis : de belle apparence, ronde, ferme et brillante sans tenir compte de la couleur.

Ses pouvoirs magiques : diurétique, laxative, minceur.

Riche en vitamine C, en fibres, en potassium, calcium, magnésium et fer, elle est énergétique, dépurative et très laxative.
Diurétique, elle est indiquée en cas de rétention d'eau, de rhumatismes et de goutte.

Groseille

Je la choisis : charnue avec des grains fermes et brillants.

Ses pouvoirs magiques : énergétique, laxative, diurétique, minceur.

Très riche en vitamine C, sels minéraux et oligo-éléments, cette petite baie revitalise les organismes fatigués et redonne de l'énergie.
Dépurative, la groseille nettoie l'organisme et le draine tout en agissant efficacement sur les voies biliaires et le système digestif.
Diurétique, elle favorise la circulation sanguine et veineuse.

Melon

Je le choisis : très lourd, avec un pédoncule prêt à se détacher.

Ses pouvoirs magiques : diurétique, laxatif, antioxydant.

Très riche en eau et en vitamines A, B, C, le melon est rafraîchissant, diurétique et laxatif.
Sa teneur en provitamine A en fait un allié de la jeunesse cellulaire.

Mûre

Je la choisis : noire, brillante, arrivée à maturité.

Ses pouvoirs magiques : digeste, laxative, revitalisante.

Riche en vitamines A et C, la mûre améliore le transit intestinal par son action laxative.
Énergétique, elle est conseillée aux personnes fatiguées et anémiées.

Myrtille

Je la choisis : ronde, lisse, brillante et ferme.

Ses pouvoirs magiques : diurétique, digeste, antiseptique, antioxydante, minceur.

Légère en sucres et en calories, la petite baie couleur bleu violacé est très diurétique, indiquée en cas de troubles circulatoires.
Antiseptique, elle est indiquée en cas de diarrhées ou d'infections intestinales.
Antioxydante, elle prévient les troubles cardiovasculaires, protège la peau et améliore la vision en agissant sur la cataracte.

Pastèque

Je la choisis : lourde, ferme, pleine, avec une peau lisse et brillante.

Ses pouvoirs magiques : dépurative, diurétique, minceur, antioxydante, laxative.

Riche en vitamines B, C, en sels minéraux et oligo-éléments, la pastèque est dépurative et favorise l'élimination des déchets et des toxines. Antioxydante grâce à sa teneur en provitamine A, elle prévient le vieillissement de la peau et des cellules.
Rafraîchissante et peu calorique, elle est indiquée pour retrouver la ligne.

Pêche

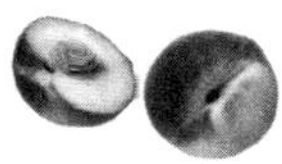

Je la choisis : ferme et veloutée au toucher, lisse et sans taches.

Ses pouvoirs magiques : diurétique, énergétique, digeste, laxative, antioxydante.

Riche en vitamine C, potassium, phosphore et magnésium, la pêche est diurétique et reconstituante.
Fruit minceur par excellence, elle contient beaucoup d'eau ce qui la rend digeste et désaltérante.
Grâce à sa teneur en fibres, elle est indiquée pour soulager les troubles de la digestion, les spasmes et notamment, la constipation.

Antioxydante grâce à sa teneur en provitamine A, elle prévient les troubles cardio-vasculaires ainsi que le vieillissement cutané et cellulaire.

Poire

Je la choisis : jaune orangée, souple, lisse et sans meurtrissures.

☆ Ses pouvoirs magiques : énergétique, digeste, antioxydante, diurétique, minceur.

Riche en vitamines A, B1, B2, PP, C et sels minéraux, la poire est reminéralisante et nutritive.
Riche en fibres, elle régule un transit intestinal perturbé.
Très riche en eau, la poire est un puissant diurétique.
Riche en carotène et en vitamine E, ses propriétés antioxydantes préviennent le vieillissement cutané et cellulaire.

Prune

Je la choisis : lisse, souple et ferme.

☆ Ses pouvoirs magiques : énergétique, diurétique, minceur, laxative, antioxydante.

Riche en vitamines B, C, en fer, magnésium et potassium, elle est reminéralisante et diurétique.

Sa haute teneur en provitamine A et vitamine E lui confère des vertus antioxydantes pour prévenir le vieillissement cellulaire et cutané.
Riche en fibres, elle régule le transit intestinal et lutte contre la constipation.

Raisin

Je le choisis : en grappes espacées, avec des grains fermes, brillants et sans taches.

Ses pouvoirs magiques : énergétique, antioxydant, diurétique, digeste, laxatif, minceur.

Riche en vitamines A, B9, glucides et sels minéraux, le raisin est l'un des fruits de la vitalité.
Riche en polyphénols, il régule le taux de mauvais cholestérol et lutte contre le vieillissement de la peau et des cellules.
Très riche en eau et en potassium, c'est un puissant diurétique.
Riche en fibres, il régule le transit intestinal.

Tomate

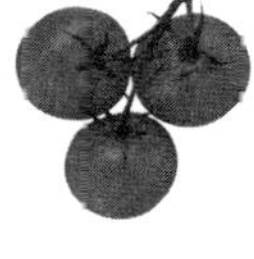

Je la choisis : charnue, lisse, brillante, sans taches et parfumée.

Ses pouvoirs magiques : énergétique, antiseptique, laxative, diurétique, antioxydante.

Riche en vitamines A, B1, C et sels minéraux, la tomate est un fruit énergétique.

Antiseptique, elle est indiquée en cas d'intoxication alimentaire ou de troubles digestifs telle la constipation.
Diurétique, elle est une alliée dans un régime amincissant. Elle agit également sur les rhumatismes, l'arthrite et la goutte.
Riche en carotène et en vitamine E, elle stimule les défenses de l'organisme grâce à ses vertus antioxydantes.
Elle contient également du lycopène qui favorise la montée de la mélanine, ce pigment brun qui colore la peau, améliore l'hydratation de l'épiderme et retarde l'apparition des rides.

Les fruits exotiques

Ananas

Je le choisis : lourd, ferme, avec des feuilles vertes qui se détachent facilement. La couleur n'a pas d'importance, elle varie selon sa provenance.

Ses pouvoirs magiques : reminéralisant, digeste, diurétique, antioxydant, anticellulite.

Riche en vitamines A, C, E, en fibres et en minéraux, l'ananas contient également une enzyme, la « broméline » qui a le pouvoir de digérer les protéines mais uniquement dans le fruit frais (l'ananas en boîte ou en jus n'en a plus). Nutritif, digeste, diurétique, détoxicant et anticellulite, il est conseillé en cas d'arthrite, de tendinites, d'anémie et d'obésité. Riche en provitamine A et en vitamine E, il a des vertus antioxydantes.

Anone « pomme cannelle »

Je la choisis : ferme, avec la peau vert pâle et des écailles qui se détachent facilement.

Ses pouvoirs magiques : énergétique, digeste.

L'anone est un nom générique qui regroupe plusieurs variétés de fruits exotiques dont la pomme cannelle. Elle se reconnaît par son aspect en forme de cône de pin, et sa chair veloutée a le goût de la pâte d'amande. Riche en vitamines C, B en fer, en magnésium en glucides et en fibres, elle est énergétique et digeste.

Banane

Je la choisis : ferme, avec la peau lisse, sans taches noires.

Ses pouvoirs magiques : énergétique, digeste.

Riche en vitamines A, B, C, D, E et en sels minéraux, la banane est très nutritive, digeste et favorable au système nerveux, osseux et musculaire. Elle dynamise la croissance, prévient les ulcères et lutte contre les rhumatismes inflammatoires. En revanche, elle est déconseillée aux diabétiques en raison de sa richesse en hydrates de carbone.

Carambole

Je la choisis : légèrement jaune, ferme, avec la peau lisse, brillante et des pointes brunes.

Ses pouvoirs magiques : diurétique, digeste, minceur.

Ce joli fruit vert a la forme d'une étoile lorsqu'il est tranché dans le sens de la largeur. Très riche en eau, en vitamine A et en potassium, la carambole est un puissant diurétique, à consommer dans le cadre d'un régime ainsi que pour contrer la rétention d'eau. Consommée en jus, elle est indiquée aux diabétiques pour réduire le taux de sucre dans le sang.

Chadec

Je le choisis : lourd, ferme, avec la peau brillante.

Ses pouvoirs magiques : énergétique, diurétique, digeste, rassasiant, minceur.

De la famille des agrumes, ce gros pamplemousse vert originaire des Antilles possède une chair sucrée et sans pépins. Riche en vitamines B, C, P, en acide folique, en potassium, fer, phosphore et fibres, il est rafraîchissant, revitalisant, digeste et diurétique. Coupe-faim naturel, c'est un allié de choix dans le cadre d'un régime amincissant.

Datte fraîche

Je la choisis : de belle apparence, lisse et charnue, attachée à sa branche.

Ses pouvoirs magiques : énergétique, digeste, rassasiante, antioxydante.

Originaire du Moyen-Orient, la datte est un véritable concentré d'antioxydants, ce qui en fait un fruit de choix pour neutraliser les radicaux libres et prévenir les maladies cardio-vasculaires. Très riche en glucides et en fibres, elle est énergétique et tout indiquée pour réguler un transit intestinal perturbé.

Feijoa

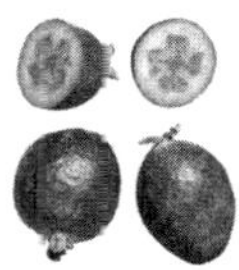

Je le choisis : vert pâle, tendre, parfumé, lisse et sans défauts.

Ses pouvoirs magiques : reminéralisant, antioxydant, diurétique, minceur.

Cette baie verte et oblongue de cinq centimètres de long, issue d'un arbuste d'ornement aux fleurs sublimes, est un vrai délice. La saveur de sa chair à texture granuleuse est proche de la goyave, de la banane, de l'ananas ou de la fraise des bois. Riche en vitamines B, C et en iode, c'est un fruit reminéralisant indiqué en cas de fatigue physique et intellectuelle. Diurétique, il est indiqué en cas de rétention d'eau.

Figue de Barbarie

✋ Je la choisis : sans taches, ferme et charnue.

★ Ses pouvoirs magiques : énergétique, digeste, laxative, antioxydante.

Originaire d'un cactus du Mexique, cette lourde baie charnue est jaune, rouge ou blanche selon les variétés avec de multiples graines à l'intérieur du fruit. Riche en vitamine C, en albumine, en mucilage et en minéraux, c'est un diurétique puissant qui a la particularité de colorer les urines en rouge. Très riche en fibres insolubles, elle régule efficacement le transit intestinal.

Fruit de la passion

✋ Je le choisis : lourd, ferme, avec une peau légèrement fripée.

★ Ses pouvoirs magiques : énergétique, digeste, laxatif, diurétique, minceur, antioxydant.

Fruit tropical aux multiples graines, à la saveur mi-sucrée, mi-acidulée, la grenadille ou « fruit de la passion » est riche en vitamines A, B, C, en fer et magnésium, ce qui lui confère des propriétés hautement reminéralisantes et diurétiques. Riche en fibres insolubles, il régule efficacement le transit intestinal, en cas de constipation notamment, tout en étant antispasmodique.

Goyave

Je la choisis : lisse et moyennement ferme, parsemée de taches noires, mais pas trop.

Ses pouvoirs magiques : énergétique, diurétique, digeste, laxative, antioxydante, minceur.

Originaire d'Amérique centrale, cette baie sucrée ronde ou ovale est tachetée de noir à maturité et remplie de multiples graines à l'intérieur. Peu calorique et riche en vitamine C et minéraux, elle est aussi reminéralisante que diurétique. Riche en fibres, elle est indiquée pour réguler le transit intestinal.

Grenade

Je la choisis : lourde et ferme, avec une peau d'un beau rouge profond et brillant, sans meurtrissures.

Ses pouvoirs magiques : énergétique, diurétique, laxative, antioxydante, minceur.

Originaire de Perse, cette grosse baie ronde de la taille d'une orange est un fruit énergétique, dont seules la pulpe et les graines se consomment. Riche en vitamines B5, B6, C, en minéraux et cuivre, la grenade est revitalisante avec un très fort pouvoir antioxydant qui prévient le vieillissement cutané et cellulaire. Cependant, intestins fragiles, s'abstenir !

Kiwano

Je le choisis : orange, signe de maturité.

Ses pouvoirs magiques : énergétique, diurétique, laxatif, antioxydant, minceur.

Originaire d'Afrique centrale, le kiwano est une cucurbitacée de couleur orange, de forme ovoïde dont la peau est recouverte de pointes. Sa chair gélatineuse aux multiples graines a la saveur de la banane verte. Gorgé d'eau et riche en vitamines et minéraux, c'est le fruit de la minceur et de la vitalité.

Kiwi

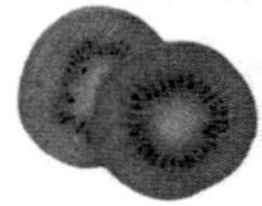

Je le choisis : ferme, mais souple au toucher, sans meurtrissures.

Ses pouvoirs magiques : énergétique, diurétique, laxatif, antioxydant, minceur.

Plus riche en vitamine C que les agrumes, la consommation d'un seul kiwi par jour couvre vos besoins journaliers. Antioxydant grâce à la provitamine A et à la vitamine E, c'est le fruit idéal pour conserver un teint éclatant et repousser les outrages du temps. Sa teneur en fibres aide à réguler le transit intestinal. Enfin, il contribue à réduire le taux de sucre dans le sang ce qui le recommande aux diabétiques.

Kumquat

Je le choisis : ferme, brillant, sans meurtrissures, attaché à sa branche.

Ses pouvoirs magiques : énergétique, diurétique, laxatif, antioxydant, minceur.

Originaire de Chine, ce petit agrume à la chair juteuse et acidulée contient quelques gros pépins qu'il convient de retirer. Son écorce, bien lavée, est également comestible. Très riche en vitamine C et potassium, le kumquat est aussi énergétique que diurétique. Sa teneur en carotènes et flavonoïdes prévient le vieillissement cutané et cellulaire et ses fibres régulent efficacement le transit intestinal.

Litchi

Je le choisis : avec une coque rouge foncé, non fripée et sans meurtrissures.

Ses pouvoirs magiques : diurétique, digeste, antioxydant, minceur.

Ce fruit à la pulpe juteuse, sucrée et parfumée est riche en vitamines B, C, en minéraux, en glucides et en fibres. Il reminéralise les organismes fatigués et aide à réguler le transit intestinal. Ses vertus antioxydantes en font un fruit de choix pour conserver une belle peau et prévenir les maladies cardio-vasculaires. De plus, il fait baisser la tension.

Longane

Je le choisis : de jaune à marron clair, non fripé, sans meurtrissures sur la peau.

Ses pouvoirs magiques : énergétique, diurétique, laxatif, antioxydant, minceur.

Originaire de Chine, le longane ressemble un peu au litchi quant à son noyau central et sa chair translucide et sucrée, mais sa peau est plus fine. Riche en vitamine C et en potassium, il est reminéralisant, calme les insomnies et lutte contre l'anémie.

Mangoustan

Je le choisis : avec une peau lisse et brillante allant du rose au rouge.

Ses pouvoirs magiques : énergétique, diurétique, digeste, antioxydant, minceur.

Originaire d'Asie tropicale, ce fruit arrondi à la couleur pourpre possède des arilles translucides délicieusement parfumées. C'est l'un des fruits les plus riches en antioxydants, bon pour le cœur et les artères, antiseptique, efficace pour traiter les problèmes cutanés, réguler le transit intestinal notamment en cas de diarrhées et redonner de la vitalité et du tonus.

Mangue

Je la choisis : souple, lisse et parfumée.

Ses pouvoirs magiques : énergétique, digeste, antioxydante, minceur.

Riche en vitamine C et en provitamine A, la mangue est énergétique avec un fort potentiel antioxydant. Elle est indiquée dans la prévention de certains cancers, lutte contre l'artériosclérose et protège du vieillissement cutané et cellulaire. Sa teneur en fibres régule efficacement le transit intestinal.

Nashi

Je le choisis : ferme, sans taches ni meurtrissures.

Ses pouvoirs magiques : énergétique, digeste, diurétique, antioxydant, minceur.

Originaire du Japon, cette poire croquante et juteuse en forme de pomme est riche en vitamine C, potassium et magnésium. Très diurétique et reminéralisant, c'est le fruit minceur par excellence avec une teneur en fibres qui régule efficacement le transit intestinal.

Noix de coco

Je la choisis : lourde et pleine.

☆ Ses pouvoirs magiques : énergétique, digeste, diurétique, laxative, minceur.

Riche en vitamine B, en fibres, en minéraux et oligo-éléments, la noix de coco est un fruit énergétique, calorique, reminéralisant et diurétique. Elle régule le transit intestinal en étant légèrement laxative et soulage des maux typiquement féminins comme la vaginite ou les mycoses. Elle convient aux personnes sportives, fatiguées, anémiées, surmenées ou en convalescence. Elle est indiquée également en cas de troubles cardio-vasculaires, d'hypertension, de diabète et de cholestérol.

Papaye

✋ Je la choisis : la papaye doit s'enfoncer légèrement sous la pression des doigts et ne doit pas comporter de taches noires. La peau du fruit est de couleur jaune ou orange à maturité.

☆ Ses pouvoirs magiques : digeste, antioxydante, minceur.

Peu calorique, très riche en vitamine C, en magnésium, sodium et potassium, la papaye protège des infections par ses propriétés reminéralisantes. La provitamine A qu'elle contient a de multiples bienfaits sur la peau et les muqueuses. De plus, elle est si peu calorique que l'on peut la consommer en quantité. Sa teneur en fibres régule le transit intestinal et favorise la digestion.

Les légumes d'été

Artichaut

Je le choisis : lourd et ferme, avec des feuilles fermées sans taches noires.

Ses pouvoirs magiques : digeste, reminéralisant, antioxydant, minceur, diurétique.

Très riche en vitamines et en minéraux, il a des vertus antioxydantes pour lutter contre le vieillissement.
Diurétique, il favorise l'élimination des toxines, stimule le foie et la vésicule biliaire et agit efficacement sur tous les troubles hépatiques.
Il permet d'abaisser un taux de cholestérol trop élevé.
Riche en fibres, il est préconisé également dans tous les troubles gastro-intestinaux.

Aubergine

Je la choisis : violette, ferme, lisse et brillante.

Ses pouvoirs magiques : diurétique, minceur, antioxydante, digeste.

Très peu calorique et diurétique, l'aubergine ne fait pas grossir si elle est consommée crue grâce à sa haute teneur en potassium.

Riche en acide chlorogénique, elle est l'un des plus puissants antioxydants du genre végétal ce qui la rend très efficace pour lutter contre le vieillissement cutané et cellulaire.
Les fibres qu'elle contient régulent le transit intestinal.
De plus, elle lutte activement pour faire baisser le taux de cholestérol.

Betterave

☞ Je la choisis : crue, ferme, avec des feuilles. Cuite, brillante et petite.

★ Ses pouvoirs magiques : énergétique, digeste, reminéralisante, antioxydante, minceur.

Nutritive, digeste, apéritive, énergétique et riche en potassium, la betterave améliore tout le système nerveux.
Riche en vitamines A, B, C et PP, elle aide à protéger les cellules contre le développement des maladies cardio-vasculaires, des cancers et des maladies liées au vieillissement.
Sa grande teneur en sels minéraux en fait un légume reminéralisant conseillé aux personnes fatiguées ou anémiées.
Elle agit également sur les troubles hépatiques.

Brocoli

☞ Je le choisis : bien ferme, avec des feuilles vertes et serrées.

☆ Ses pouvoirs magiques : reminéralisant, antioxydant, minceur, digeste.

Riche en vitamine B9, C, bêta-carotène et en fibres, le brocoli est un légume à fort pouvoir antioxydant. Il agit en prévention sur les maladies cardio-vasculaires et sur les cancers.
Très reminéralisant, il convient aux personnes fatiguées et anémiées.

Carotte

✋ Je la choisis : orange luisante, ferme, avec des fanes vertes.

☆ Ses pouvoirs magiques : reminéralisante, digeste, antioxydante, diurétique, minceur.

Riche en provitamine A, en fer et en fibres, la carotte est reminéralisante, antianémique et renforce le système immunitaire.
Diurétique, elle a sa place dans le cadre d'un régime amincissant.
Elle favorise également les montées de lait, régule le transit et soigne les intestins.
Elle agit favorablement sur les affections rhumatismales.
Antioxydante, elle prévient le vieillissement et améliore la vision.

Chou-fleur

✋ Je le choisis : cœur blanc et ferme, avec des feuilles vertes sans germes.

☆ Ses pouvoirs magiques : reminéralisant, digeste, diurétique, minceur.

Riche en vitamines B, C, en fibres et en minéraux, le chou-fleur est un légume minceur.
Laxatif, il agit efficacement sur un transit intestinal paresseux.
Diurétique avec un taux de potassium élevé, il stimule les fonctions rénales, ce qui le recommande en cas de lithiases biliaires, de cystites ou d'infections urinaires.

Concombre

✋ Je le choisis : petit, ferme, mais pas trop dur, avec une peau lisse sans craquelures.

☆ Ses pouvoirs magiques : reminéralisant, digeste, diurétique, minceur, antioxydant.

Riche en vitamines A, B, C et sels minéraux, le concombre est un bon dépuratif et un excellent diurétique. Il combat l'arthrite et la goutte, facilite la circulation sanguine et agit sur la rétention d'eau.
Riche en fibres, il est efficace en cas de troubles intestinaux.
La présence de pyridoxine lui confère un effet calmant et apaisant.
Croquez-le avec sa peau, riche en provitamine A et vitamine E pour conserver un teint éclatant et retarder le vieillissement des cellules.

Courgette

Je la choisis : lourde, ferme, petite, avec une belle peau lisse sans meurtrissures.

Ses pouvoirs magiques : reminéralisante, diurétique, minceur, digeste, antioxydante.

Riche en vitamines, minéraux et fibres, la courgette est très peu énergétique avec ses 95 % d'eau. Diurétique, c'est un légume-minceur qui favorise l'élimination des toxines et des déchets de l'organisme.
On lui reconnaît également une action favorable sur la digestion et le bon fonctionnement du transit intestinal ainsi que sur les ulcères gastriques.
Elle est indiquée aux personnes nerveuses et angoissées, à celles qui ont du diabète et des risques cardio-vasculaires. À noter que sa pectine réduit l'assimilation du cholestérol.

Fenouil

Je le choisis : blanc, lisse et ferme avec des feuilles vertes sans meurtrissures.

Ses pouvoirs magiques : reminéralisant, digeste, diurétique, minceur, antioxydant ?

Riche en provitamine A, en vitamine C, en fibres, en acide folique, en fer et en potassium, le

fenouil a des qualités digestives incomparables.
Il est idéal en cas de crampes d'estomac, de colite spasmodique ou de règles douloureuses.
Très diurétique, il favorise l'amincissement par l'élimination des toxines.
Il agit également sur les voies respiratoires et notamment sur l'asthme et la toux.
Il calme les migraines et les rages de dents, soulage les otites et les rhumatismes.
Reminéralisant, il redonne du tonus et de la vitalité.
Les feuilles ou les graines en infusion favorisent la montée de lait.

Haricot vert

Je le choisis : très fin, lisse, ferme et cassant, sans meurtrissures.

★ Ses pouvoirs magiques : reminéralisant, digeste, minceur.

Riche en vitamines A, B9, C, en sels minéraux et en oligo-éléments, le haricot vert est un légume à fort pouvoir reconstituant pour les organismes fatigués.
Conseillé en cas de baisse intellectuelle ou de symptômes dépressifs, c'est un bon stimulant du système nerveux.
Diurétique, il a sa place dans un régime amincissant.
Il est conseillé aux diabétiques, stimule le foie et agit sur les rhumatismes.

Maïs doux

Je le choisis : avec des grains ronds, fermes et brillants et des feuilles vert pâle.

Ses pouvoirs magiques : énergétique, digeste.

Riche en vitamine B, magnésium et oligo-éléments, il agit efficacement sur le système nerveux et musculaire.
Calorique et rassasiant, le maïs est un légume énergétique.
Très riche en fibres, il est tout indiqué pour réguler le transit intestinal.

Oseille

Je la choisis : très verte et brillante.

Ses pouvoirs magiques : reminéralisante, diurétique, minceur, digeste, antioxydante.

Très riche en vitamines C, E, provitamine A, en eau, en fibres, minéraux et oligo-éléments, l'oseille stimule les sécrétions digestives et agit de ce fait sur tous les troubles gastro-intestinaux.
Elle est indiquée en cas de troubles cardio-vasculaires grâce à sa haute teneur en carotène, prévient le vieillissement cellulaire et cutané, améliore l'acuité visuelle et prévient certains cancers.

Petit pois

Je le choisis : frais, dans une cosse lisse, brillante et sans taches.

Ses pouvoirs magiques : reminéralisant, énergétique, digeste, antioxydant.

Riche en vitamines B, C et E, le petit pois est un légume énergétique aux vertus antioxydantes.
Il est reminéralisant grâce à sa teneur en potassium, phosphore, magnésium, fer et revitalise les organismes fatigués ou anémiés.
Ses fibres en font un légume privilégié pour relancer un transit paresseux.

Pissenlit

Je le choisis : avec des feuilles claires et fermes, sans meurtrissures et une racine bien blanche.

Ses pouvoirs magiques : reminéralisant, diurétique, digeste, minceur, antioxydant.

Très riche en potassium, la feuille de pissenlit est un excellent diurétique qui améliore les fonctions hépatiques.
Riche en vitamines et oligo-éléments, c'est un bon régulateur du système digestif ainsi qu'un antioxydant efficace.

Poivron

Je le choisis : bien rouge et brillant, le rouge signifiant qu'il est mûr. Le poivron vert traduit une cueillette avant maturité et le poivron flambé de marron est entre les deux.

Ses pouvoirs magiques : reminéralisant, énergétique, diurétique, digeste, minceur, antioxydant.

Riche en vitamine C et en bêta-carotène, le poivron est stimulant, énergétique avec une bonne action sur l'élimination.
Il favorise la concentration, l'apprentissage et la mémoire grâce à sa substance, la lutéoline.
Il est également l'un des légumes anticancer et antivieillissement par ses pouvoirs antioxydants.
Sa haute teneur en fibres est intéressante pour réguler le transit intestinal.

Pomme de terre

Je la choisis : ferme, sans taches ni germe.

Ses pouvoirs magiques : énergétique, digeste.

Riche en vitamines et en sels minéraux, elle est nutritive et digeste.
Contrairement aux idées reçues, elle ne fait pas grossir et son jus est diurétique.

Elle est particulièrement recommandée pour soulager tous les troubles gastro-intestinaux, les ulcères et les colites spasmodiques.
Elle est conseillée aux diabétiques, en remplacement du pain.

Radis rose et radis noir

Je les choisis : pour le radis rose, petit, ferme, charnu avec des fanes bien vertes ; pour le radis noir, ferme, sans taches ni craquelures. Pour atténuer sa saveur piquante, pelez-le, coupez-le en rondelles et faites-le dégorger dans de l'eau salée.

Leurs pouvoirs magiques : reminéralisants, diurétiques, digestes.

Riches en vitamines B, C, en fibres et sels minéraux, ce sont des diurétiques puissants qui favorisent le renouvellement des cellules.
Ils stimulent le foie, agissent sur le système nerveux et soulagent les affections respiratoires et musculaires.
Le radis noir est recommandé aux personnes allergiques souffrant de problèmes cutanés tels que l'urticaire, l'eczéma ou l'herpès.

Pourpier

Je le choisis : jeune avec de petites feuilles rondes, épaisses et charnues.

☆ Ses pouvoirs magiques : reminéralisant, diurétique, minceur, digeste, antioxydant.

Riche en vitamines B, C et minéraux, le pourpier est reminéralisant et diurétique.
Sa teneur en fibres solubles en fait un bon régulateur du transit intestinal.
Riche en provitamine A, il lutte activement contre le vieillissement cutané et cellulaire.

Les pouvoirs des plantes aromatiques

Ail

Antiseptique intestinal et pulmonaire, stimulant général, antispasmodique, antitumoral, antiallergique, anticholestérol, antioxydant, diurétique, apéritif vermifuge, agit contre l'hypertension.

Aneth

Apéritive, l'aneth est aussi digeste que digestive, très efficace pour soulager les troubles intestinaux et les colites spasmodiques. Diurétique, elle a également une action anti-inflammatoire et sédative qui convient aux anxieux et aux insomniaques. Enfin, elle favorise la montée de lait. Les graines en infusion soulagent les migraines, arrêtent le hoquet et calment la toux.

Anis étoilé

Fruit séché au petit goût de réglisse, l'anis étoilé agit principalement sur les voies digestives avec une action antispasmodique.

Basilic

Facilite la digestion, soulage les douleurs gastriques, les brûlures d'estomac, les migraines d'origine digestive. Légèrement diurétique, il facilite l'amincissement. C'est également l'herbe des convalescents.

Bourrache

La fleur de bourrache est diurétique et dépurative. Elle est donc indiquée dans le cadre d'un régime amincissant mais aussi pour lutter contre les maladies cutanées et les allergies. Sédative, elle est également efficace pour soulager les voies respiratoires en cas d'affections bronchopulmonaires.

Cannelle

Écorce généralement utilisée en poudre, la cannelle a des propriétés antispasmodiques qui facilitent la digestion. Tonifiante et antiseptique des voies urinaires, elle est indiquée en cas d'états fébriles et de fatigue chronique.

Câpres

Ces petits boutons floraux sont toniques, digestes et stimulants. Ils sont indiqués en cas d'hypertension.

Cardamome

Choisissez-la très verte et très aromatisée et vérifiez qu'elle ne soit pas humide en l'ouvrant en deux. Faites revenir les graines quelques minutes dans une poêle pour que l'arôme se développe au maximum. Les graines ont des propriétés antispasmodiques qui facilitent la digestion, soulagent les troubles intestinaux et améliorent l'haleine.

Cerfeuil

Cette herbe aromatique est recommandée contre les rhumatismes, la goutte et tous les problèmes liés au foie. Elle est également stimulante et dépurative avec un effet diurétique intéressant. Son action antiseptique agit principalement sur les bronches, la gorge et les poumons. Elle facilite également la digestion et lutte contre la constipation.

Ciboulette

Riche en silice et en essence sulfurée, la ciboulette est indiquée pour ses propriétés digestives. Elle agit également sur tous les problèmes musculaires.

Citronnelle

Cette herbe asiatique n'a pas son pareil pour réguler le transit intestinal et faciliter la digestion. Elle est également tonique, diurétique et efficace pour lutter contre les rhumatismes.

Clous de girofle

Ce sont des bourgeons floraux préconisés pour lutter contre les infections grâce à leurs propriétés antiseptiques. Analgésiques, ils sont indiqués dans tous les troubles gastro-intestinaux et soulagent les spasmes.

Coriandre

Les graines sont sédatives et indiquées aux personnes stressées et insomniaques. Les feuilles facilitent la digestion et optimisent tout le système digestif grâce à leurs propriétés antibactériennes.

Cumin

C'est la plante du système digestif, qui soulage les ballonnements, les spasmes et régule le transit intestinal.

Curcuma

On utilise le rhizome de la plante dans les préparations culinaires. Le curcuma régule les troubles génitaux chez la femme, telles des règles irrégulières ou des aménorrhées passagères. Il fait baisser la fièvre, a une action anti-inflammatoire, est indiqué dans toutes les affections respiratoires, digestives et rhumatismales.

Curry

Le curry en poudre est un mélange d'une multitude d'épices. En revanche, les feuilles, racines et tiges du curry sont réputées pour améliorer la digestion. Toniques et stimulantes, elles aident à retrouver une bonne vitalité.

Échalote

Apéritive, digestive et diurétique, l'échalote peut se consommer à volonté pour conserver une santé optimale.

Estragon

L'estragon est un bon ami de l'intestin grâce à ses propriétés vermifuges et antispasmodiques. Il est également indiqué pour régler les troubles de l'aménorrhée. Tonifiant et diurétique, il favorise l'amincissement et lutte contre la rétention d'eau.

Fenugrec

Cette plante aromatique est reminéralisante. Elle a une action anti-inflammatoire et antiseptique qui soulage les troubles gastro-intestinaux, les ulcères et les désordres du transit. Elle est indiquée pour faire baisser le taux de cholestérol et la tension. Elle favorise la montée de lait et convient aux diabétiques.

Genévrier (baies de)

Les baies de genévrier sont diurétiques et soulagent les crises de goutte, les rhumatismes et les infections urinaires. Indiquées en cas de fièvre pour leur action sudorifique et en cas de bronchite pour leur action expectorante. Elles sont également réputées pour faciliter la digestion.

Gingembre

Le rhizome de gingembre est réputé pour soulager tous les troubles digestifs. Il traite les nausées, protège le foie et soulage les ulcères.

Laurier

Les feuilles de laurier ont des propriétés antiseptiques et antispasmodiques qui soulagent efficacement tous les troubles gastro-intestinaux. Le laurier est recommandé aux femmes qui allaitent car il favorise la montée de lait. Il est également indiqué en cas de fièvre et d'états fébriles. Expectorant, c'est un bon remède pour les bronchites.

Marjolaine

Cette plante, cousine de l'origan, possède une grande valeur antiseptique. Elle est recommandée dans tous les troubles intestinaux et les états fébriles. Antistress, elle est recommandée aux anxieux et aux insomniaques.

Menthe

La menthe poivrée est recommandée aux personnes surmenées et dépressives car elle a des propriétés apaisantes. Indiquée en cas de migraines d'origine nerveuse, d'insomnie ou de crises d'angoisse. Elle a également de nombreux atouts pour lutter contre les troubles intestinaux : antispasmodique, antibactérienne, antiparasitaire et antinauséeuse !

Noix de muscade

Cette amande odorante a des vertus antiseptiques et une action très efficace sur les troubles intestinaux. Elle stimule également le système nerveux et aide à lutter contre le mal des transports.

Origan

Voir marjolaine.

Ortie

Riche en fer et en chlorophylle, l'ortie est une herbe dépurative qui nettoie et purifie le sang, les intestins et le foie. Elle est particulièrement indiquée aux personnes fatiguées et anémiées. Riche en silice, elle est indiquée pour lutter contre l'ostéoporose.

Oseille

Riche en vitamine C et en fer, l'oseille est une herbe revitalisante aux propriétés diurétiques et laxatives. Elle agit sur les voies respiratoires et sur les rhumatismes.

Paprika

Riche en vitamine C, ce poivron rouge séché et broyé agit sur le mécanisme de la digestion et facilite le transit intestinal. Antiseptique, il est préconisé dans tous types d'infections.

Persil

Riche en vitamines A, B, acide folique, C et sels minéraux, le persil est une véritable herbe-médicament. Il stimule le système nerveux, lutte contre les infections gastriques et urinaires et soulage les règles douloureuses. Il est indiqué aux personnes fébriles, fiévreuses, anorexiques et agit sur les rhumatismes et la goutte.

Piment

Le piment doit être utilisé à petites doses car c'est un irritant intestinal. Néanmoins, il facilite la digestion et possède des propriétés antiseptiques non négligeables.

Réglisse

La réglisse est une plante de choix pour lutter contre les ulcères gastriques en stimulant la production de sécrétions dans l'estomac. Très efficace en cas de troubles cardio-vasculaires, elle fait baisser le taux de cholestérol et de lipides sanguins. Elle agit sur toutes les affections respiratoires, combat les infections virales, soulage les rhumatismes et l'arthrite, prévient les allergies, apaise les aphtes, protège le système immunitaire et agit sur les troubles hépatiques.

Romarin

Le romarin lutte contre les infections en tout genre de par son fort potentiel antiseptique et antibactérien. Il est recommandé en cas de règles irrégulières et favorise la montée de lait. Il soulage les voies respiratoires, les rhumatismes, l'arthrite, les sciatiques, les troubles gastro-intestinaux en général.

Safran

C'est l'épice la plus chère du marché ! Pour autant, on appréciera sa saveur délicate et ses vertus antispasmodiques, indiquées en cas de troubles gastro-intestinaux ou génitaux. Sédatif, il est également conseillé aux personnes nerveuses et insomniaques.

Sarriette

Cette herbe aromatique est particulièrement stimulante. Idéale en cas de fatigue passagère et de baisse de tonus. Elle est également recommandée dans tous les troubles digestifs car elle facilite la digestion tout en étant antiseptique. Expectorante, elle favorise le désencombrement des bronches.

Sauge

L'herbe sacrée possède de nombreuses vertus thérapeutiques. Puissant antiseptique, elle favorise la digestion, soulage les ballonnements par une action laxative, fait baisser la fièvre, agit sur les inflammations laryngées et accélère le retour des règles. Elle stoppe la montée de lait en cas de sevrage.

Thym

Diurétique, stimulant général, dépuratif, le thym est indiqué pour revitaliser un organisme fatigué et l'aider à éliminer les déchets et les toxines. Très efficace en cas d'affections des voies respiratoires pour son action antiseptique, il soulage également les rhumatismes et toutes les maladies inflammatoires.

Vanille

Digestive et stimulante.

30 VINAIGRETTES AROMATIQUES

Pour varier les plaisirs, voici de délicieuses sauces pour vos salades : originales, allégées et faciles à réaliser, n'hésitez plus !

Toutes les vinaigrettes sont conçues pour une à deux personnes.

Vinaigrette à l'échalote

1 échalote émincée, 2 c. à s. d'huile d'olive, sel, poivre, 5 gouttes de sauce Maggi.

Vinaigrette huile d'olive et citron

2 c. à s. d'huile d'olive, le jus d'1 citron vert, sel, poivre.

Vinaigrette italienne

2 c. à s. d'huile d'olive, 1 c. à c. de vinaigre balsamique, sel, poivre.

Vinaigrette basique

2 c. à s. d'huile d'olive, 1 c. à c. de vinaigre de xérès, sel, poivre.

Vinaigrette au kiwano

3 c. à s. de jus de kiwano, 1 c. à c. de moutarde forte, 1 c. à s. d'huile d'olive, sel, poivre.

Vinaigrette relevée à la mangue

1/2 oignon émincé, le jus d'1 citron vert, 2 tours de moulin de piment de Cayenne, 10 feuilles de coriandre fraîche hachées, 1 c. à s. d'huile d'olive, sel, poivre.

Vinaigrette pomme-cannelle

Pulpe d'1 anone pomme cannelle mixée, 5 clous de girofle, 1 c. à c. de curry, 1 petit fromage blanc, sel, poivre.

Vinaigrette à la datte fraîche

4 dattes émincées finement, 2 c. à s. d'huile d'olive, 1 c. à c. de vinaigre balsamique, sel, poivre.

Vinaigrette au yaourt et à la datte fraîche

4 dattes émincées finement, 1 c. à s. d'huile végétale, 1 yaourt nature, le jus d'1 petite orange, 1 c. à c. de vinaigre balsamique, sel, poivre.

Vinaigrette au fruit de la passion

Pulpe d'1 fruit de la passion mixé, 1 gousse d'ail hachée, 1 c. à c. de gingembre frais, 5 brins coupés de ciboulette fraîche, 1 c. à c. de cumin, 1 c. à c. de vinaigre de cidre, 1 c. à s. d'huile d'olive, sel, poivre (piment en option).

Vinaigrette à la grenade

Chair d'1 grenade mixée, 1 jus de citron vert, 1 c. à s. de menthe fraîche hachée, 1 c. à s. de cumin de persil frais haché, 1 c. à s. d'huile d'olive, sel, poivre.

Vinaigrette au miel

1 c. à c. de moutarde forte, 1 c. à c. de miel liquide, 2 c. à s. d'huile de noix, 1 c. à s. de vinaigre balsamique, sel, poivre.

Vinaigrette thaïe

2 c. à s. de sauce soja, 1 c. à s. de nuoc-mâm, 1 c. à s. de vinaigre de riz, le jus d'1 citron vert, 1 pointe de piment.

Vinaigrette à l'ail et au citron vert

2 gousses d'ail hachées, 2 c. à s. d'huile d'olive, le jus de 2 citrons verts, sel, poivre.

Vinaigrette à l'estragon

2 c. à s. d'huile d'olive, 1 c. à s. de moutarde fine, 1 c. à s. de vinaigre de cidre, 2 c. à s. d'estragon frais mixé.

Vinaigrette à la noix

2 c. à s. d'huile de noix, 1 c. à s. de vinaigre balsamique, le jus d'1 citron vert, sel, poivre.

Vinaigrette Tournesol

2 c. à s. d'huile de tournesol, 1 c. à s. de vinaigre de vin blanc, sel, poivre.

Vinaigrette Savora

2 c. à s. d'huile d'olive, 1 c. à s. de moutarde Savora, le jus d'1/2 citron, 1 c. à c. de cumin, 1 pincée de sel de Guérande, poivre.

Vinaigrette soja-Tabasco

1 c. à c. de citron vert, 1 c. à c. d'huile de pépins de raisin, un yaourt nature, 1 c. à c. de sauce soja, 3 gouttes de Tabasco, sel, poivre.

Vinaigrette blanche aux épices

1 fromage blanc, 1 c. à c. de paprika, 1 c. à c. de cumin, 1 c. à c. de curry, 3 gouttes de Tabasco, le jus d'1/2 citron vert, sel, poivre.

Vinaigrette au sésame

2 c. à s. d'huile de sésame, 1 c. à s. de graines de sésame, 1 c. à c. de vinaigre balsamique, 1 pincée de sel au céleri, poivre.

Vinaigrette au poivron

1/2 poivron rouge mixé, 1 fromage blanc nature, le jus d'1 citron vert, sel, poivre, 1 c. à c. de paprika.

Vinaigrette aux œufs de saumon

2 c. à s. d'œufs de saumon, un yaourt nature, 1 c. à c. d'aneth ciselé, le jus d'1 citron vert, sel, poivre.

Vinaigrette au radis noir

1 c. à s. de radis noir râpé, 1 petit-suisse nature, 1 c. à c. de persil ciselé, 1 c. à c. de ciboulette ciselée, le jus d'1 citron vert, sel, poivre.

Vinaigrette à la cacahuète

30 g de cacahuètes grillées et mixées, 1/2 c. à c. de piment rouge, 1 gousse d'ail hachée, 2 c. à s. d'huile d'olive, 1 c. à c. de vinaigre balsamique, sel, poivre.

Mayonnaise aux herbes

1 jaune d'œuf, 1 c. à c. de moutarde forte, 2 c. à s. d'huile d'olive, 1 c. à c. de persil ciselé, 1 c. à c. d'estragon ciselé, 1 c. à c. de ciboulette ciselée, 1 c. à c. de vinaigre balsamique, sel, poivre.

Vinaigrette au curry et aux herbes

1 yaourt nature, 1 c. à s. d'huile de noix, 1 c. à c. de vinaigre balsamique, 1 c. à c. de curry, 1 c. à c. de coriandre hachée, 1 c. à c. de persil ciselé.

Vinaigrette aux agrumes

1 c. à c. de moutarde forte, 2 c. à s. de jus d'orange, 1 c. à s. de jus de citron, 1 c. à c. de jus de pamplemousse, 1 c. à s. de ciboulette ciselée, sel, poivre.

Vinaigrette au cresson

25 feuilles de cresson mixées, 1 fromage blanc, le jus d'1 citron vert, sel, poivre.

Vinaigrette au lait de soja

1 c. à c. de moutarde blanche[1], 1 c. à s. de basilic haché, 10 cl de lait de soja, 1 c. à c. de vinaigre balsamique, sel, poivre.

1. Graines germées au goût piquant.

100 PETITES SALADES MAGIQUES

Salades minceur

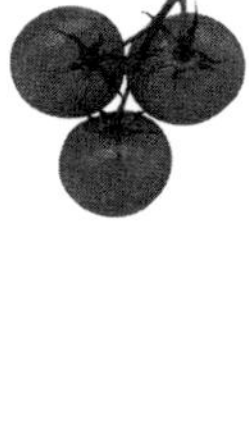

Toutes les salades sont conçues pour une personne.

SALADE CONCOMBRE – CHÈVRE FRAIS

*confort digestif -
anti-rétention d'eau - antistress*

Temps de préparation : 15 minutes

Ingrédients : 20 rondelles de concombre, 2 tranches de chèvre frais, 2 brins d'aneth, 1 gousse d'ail, 15 amandes effilées.

1. Une fois le concombre lavé, coupez-le en rondelles que vous salerez et laisserez dégorger durant 10 minutes.
2. Dans votre coupe, placez au fond les rondelles de concombre puis ajoutez l'ail haché. Mélangez.
3. Lavez et ciselez les brins d'aneth sur le concombre.
4. Recouvrez avec les tranches de chèvre frais.
5. Saupoudrez avec les amandes effilées.

♠ *Vinaigrettes conseillées : vinaigrette au poivron – vinaigrette à la noix*

☆ Pourquoi c'est magique ?

Une salade rafraîchissante et désaltérante, riche en vitamines et sels minéraux, aux vertus digestives et diurétiques. Une salade amincissante pour femmes hyperactives et stressées. Le concombre joue un rôle diurétique et l'aneth calme les spasmes et les esprits.

SALADE DE CAROTTES À L'ORIENTALE

diurétique - antiballonnement - antioxydante - montée de lait

Temps de préparation : 10 minutes

Ingrédients : 2 carottes, 1 c. à s. de persil plat frais, 1 c. à s. de ciboulette fraîche, 1 c. à s. de coriandre fraîche.

1. Épluchez, lavez et râpez les carottes.
2. Dans votre coupe, placez les carottes râpées.
3. Lavez et ciselez le persil, la ciboulette et la coriandre.
4. Parsemez les carottes des herbes fraîches.

♠ *Vinaigrettes conseillées : vinaigrette aux agrumes – vinaigrette blanche aux épices*

✯ Pourquoi c'est magique ?

En cas d'intoxication alimentaire ou de paresse intestinale, consommez cette salade au déjeuner ! La carotte est la meilleure amie des intestins.

SALADE BETTERAVES – FRAISES

antifatigue - anti-rétention d'eau - belle peau

Temps de préparation : 10 minutes

Ingrédients : 1 betterave cuite, 15 belles fraises, 1 fruit de la passion, 1 citron vert, 1 c. à c. de gingembre frais râpé.

1. Coupez la betterave en dés.
2. Équeutez, rincez puis coupez les fraises en deux.
3. Coupez le fruit de la passion en deux et récupérez la chair à l'aide d'une cuillère. Arrosez-le du jus de citron.
4. Dans votre coupe, mélangez les betteraves et les fraises.
5. Ajoutez la chair citronnée du fruit de la passion.
6. Saupoudrez de gingembre.

♦ *Vinaigrettes conseillées : vinaigrette au yaourt et à la datte fraîche – vinaigrette pomme-cannelle*

✯ Pourquoi c'est magique ?

La betterave et la fraise ont des vertus antioxydantes remarquables. Cette salade est parfaite pour avoir une belle peau tout l'été, avec de l'énergie en cadeau !

TARTARE DE CHAMPIGNONS AU CHÈVRE FRAIS

antifatigue - antistress - transit

Temps de préparation : 10 minutes

Ingrédients : 300 g de champignons de Paris, 1 petit fromage de chèvre frais, 1 bouquet de persil.

1. Lavez puis émincez finement les champignons.
2. Dans votre coupe, déposez les champignons mélangés au fromage de chèvre.
3. Lavez et ciselez le persil sur le mélange champignons-chèvre.

♦ *Vinaigrettes conseillées : vinaigrette à l'ail et au citron vert – vinaigrette italienne*

✯ Pourquoi c'est magique ?

Les champignons sont les rois de la protéine. Ainsi, si vous êtes végétarienne ou tout simplement fatiguée, cette salade vous redonnera le moral ainsi qu'une belle énergie.

SALADE AU SAUMON FUMÉ ET À L'AVOCAT

anticholestérol - antihypertension - confort digestif - belle peau

Temps de préparation : 10 minutes

Ingrédients : 1 belle tranche de saumon fumé, 1 avocat bien mûr, 1 petit bouquet de mâche, 1 c. à s. de baies roses.

1. Dans votre coupe, déposez la mâche lavée et essorée.
2. Découpez l'avocat en petits dés.
3. Recouvrez la mâche avec l'avocat et le saumon fumé coupé en fines lamelles.
4. Parsemez de baies roses.

♦ *Vinaigrettes conseillées : vinaigrette huile d'olive et citron – vinaigrette à l'ail et au citron vert*

✯ Pourquoi c'est magique ?

Une salade énergétique et diurétique qui vous permettra de passer la journée sans être fatiguée.

SALADE TOMATES, MOZZARELLA ET PARMESAN

détox - confort digestif - anti-rétention d'eau

Temps de préparation : 10 minutes

Ingrédients : 2 tomates grappe, 1/2 boule de mozzarella de buffala, 20 copeaux de parmesan, 20 feuilles de basilic.

1. Lavez puis coupez les tomates en petits morceaux.
2. Dans votre coupe, déposez les tomates puis recouvrez-les avec la mozzarella coupée en lamelles et les copeaux de parmesan.
3. Rincez les feuilles de basilic avant d'en parsemer votre salade.

♦ *Vinaigrettes conseillées : vinaigrette italienne – vinaigrette huile d'olive et citron*

✯ Pourquoi c'est magique ?

La tomate permet d'éliminer en un temps record toutes les toxines accumulées dans l'organisme. Associée aux fromages, cette salade reste tout à fait acceptable dans le cadre d'un régime minceur car les protéines sont indispensables pour maigrir durablement.

SALADE DE COURGETTES À LA MOZZARELLA

anticholestérol - antiballonnement - antistress - détox

Temps de préparation : 10 minutes

Ingrédients : 1 courgette, 1 c. à s. de persil, 1 c. à s. de menthe, 1/2 boule de mozzarella de buffala.

1. Lavez puis râpez la courgette.
2. Dans votre coupe, déposez la courgette, la mozzarella détaillée en dés, puis parsemez avec les herbes fraîches rincées et ciselées.

♦ *Vinaigrettes conseillées : vinaigrette huile d'olive et citron – vinaigrette basique*

✯ Pourquoi c'est magique ?

La courgette est un véritable légume-médicament. Elle régule le transit efficacement tout en favorisant l'élimination des déchets et des toxines. La petite touche de mozzarella vous offre un apport en protéines nécessaire pour maigrir.

SALADE DE CHAMPIGNONS ET POUSSES D'ÉPINARDS

confort digestif - anti-rétention d'eau - antistress

Temps de préparation : 10 minutes

Ingrédients : 250 g de champignons de Paris, 1/2 citron jaune, 150 g de pousses d'épinards, 10 copeaux de parmesan, 1 c. à s. de curry.

1. Lavez puis coupez les champignons en lamelles. Arrosez-les du jus de citron et laissez-les reposer au frais durant 10 minutes.
2. Lavez et essorez les pousses d'épinards.
3. Dans votre coupe, déposez les pousses d'épinards puis recouvrez avec les champignons et les copeaux de parmesan.
4. Saupoudrez de curry.

♦ *Vinaigrettes conseillées : vinaigrette huile d'olive et citron – vinaigrette à l'estragon*

✫ Pourquoi c'est magique ?

Cette salade riche en protéines favorisera l'amincissement grâce aux pousses d'épinards. Quant au curry, il va réguler le transit efficacement.

SALADE D'ENDIVES AUX FRUITS

détox - confort digestif - anti-rétention d'eau - belle peau

Temps de préparation : 10 minutes

Ingrédients : 1 endive, 1/2 mangue, 1/2 pomme, 1 tranche de pastèque, 1 c. à c. de cumin, 5 brins de ciboulette.

1. Lavez puis coupez l'endive en lanières.
2. Épluchez la mangue, la pomme et la pastèque puis coupez-les en petits dés.
3. Dans votre coupe, déposez les lanières d'endives puis recouvrez avec les fruits.
4. Parsemez de ciboulette ciselée et de cumin.

- *Vinaigrettes conseillées : vinaigrette basique – vinaigrette blanche aux épices*

✯ Pourquoi c'est magique ?

La richesse en potassium de l'endive favorise une bonne épuration rénale tout comme sa légère amertume stimule en douceur les sécrétions digestives. Associée à la pomme et au cumin, l'endive aide à réguler le transit. Quant à la pastèque et à la mangue, elles offrent une protection cutanée et cellulaire tout en favorisant l'élimination des toxines.

SALADE DE COURGETTE AU SÉSAME

anticholestérol - montée de lait - antiballonnement - antistress

Temps de préparation : 10 minutes

Ingrédients : 1 courgette, 1 c. à s. de graines de sésame grillées, 5 brins de ciboulette.

1. Lavez la courgette, coupez les deux extrémités puis pelez-la avec un couteau économe jusqu'à ce qu'il ne reste plus que le cœur.
2. Dans votre coupe, placez les lanières de courgette puis parsemez de ciboulette ciselée et de graines de sésame.

♦ *Vinaigrette conseillée : vinaigrette à la noix – vinaigrette au curry et aux herbes*

✯ Pourquoi c'est magique ?

La courgette a tous les atouts pour mincir en douceur et réduire le stress. Quant aux graines de sésame, elles sont recommandées aux mamans qui allaitent car elles favorisent la montée de lait tout en régulant le transit.

SALADE D'ENDIVE AUX CREVETTES

anti-rétention d'eau - confort digestif - antistress - détox

Temps de préparation : 10 minutes

Ingrédients : 1 endive, 5 belles crevettes roses, 1 tranche d'ananas, 1/2 poivron rouge, 1 petite boîte de maïs doux, 1 c. à c. de curry, 5 feuilles de coriandre, 2 brins de persil.

1. Coupez l'endive en tronçons et placez-les au fond de votre coupe.
2. Décortiquez les crevettes et posez-les sur les endives.
3. Ajoutez l'ananas coupé en dés, le maïs rincé puis le poivron épépiné et coupé en fines lamelles.
4. Parsemez de curry, de coriandre et de persil ciselés.

♦ *Vinaigrettes conseillées : vinaigrette Tournesol – vinaigrette à l'échalote*

✯ Pourquoi c'est magique ?

Le persil est une plante-médicament aux mille vertus, qui favorise le déstockage des graisses. Associé aux légumes diurétiques et aux épices qui facilitent le transit, vous pourrez éliminer les toxines sans être fatiguée.

SALADE DES AMOUREUX

montée de lait - détox -
anti-rétention d'eau - antistress -
antioxydante

Temps de préparation : 10 minutes

Ingrédients : 2 betteraves cuites, 3 brins de persil plat, 1 c. à c. de poudre de fenouil, sel de Guérande, poivre, 2 c. à s. d'huile d'olive.

1. Coupez les betteraves en dés. Disposez-les au fond de la coupe. Salez et poivrez.
2. Saupoudrez-les de persil ciselé et de poudre de fenouil.
3. Arrosez d'huile d'olive.

♦ *Vinaigrettes conseillées : vinaigrette Savora – vinaigrette à l'ail et au citron vert*

✯ Pourquoi c'est magique ?

Le fenouil permet l'élimination des déchets tout en favorisant la digestion. Quant à la betterave, elle stimule tout le système nerveux !

SALADE AUX CHAMPIGNONS

antifatigue - antidiabète - antiballonnement - anticellulite - détox

Temps de préparation : 10 minutes

Ingrédients : 1/2 poivron rouge, 1 tranche d'ananas, 80 g de champignons de Paris, 2 cœurs de palmier, 1/2 oignon rouge.

1. Épépinez puis coupez le poivron en lamelles.
2. Lavez puis coupez les champignons en lamelles.
3. Coupez l'ananas en dés.
4. Rincez les cœurs de palmier puis coupez-les en petits tronçons.
5. Épluchez puis émincez l'oignon.
6. Mélangez le tout dans la coupe.

♦ *Vinaigrettes conseillées : vinaigrette soja-Tabasco – vinaigrette italienne*

✯ Pourquoi c'est magique ?

Une salade qui aide l'organisme à se détoxifier et à retrouver de la vitalité.

SALADE D'ENDIVES, POMMES ET NOIX

antiballonnement - anti-rétention d'eau

Temps de préparation : 10 minutes

Temps de cuisson : 5 minutes

Ingrédients : 2 endives, 1 pomme acidulée, 10 cerneaux de noix, 1 c. à c. de curcuma.

1. Lavez les endives et coupez-les en lanières.
2. Épluchez et coupez la pomme en dés.
3. Dans une poêle bien chaude, faites griller les noix à sec durant 5 minutes.
4. Dans votre coupe, disposez les endives puis recouvrez avec les pommes et les noix.
5. Saupoudrez de curcuma.

♦ *Vinaigrettes conseillées : vinaigrette Savora – vinaigrette à l'ail et au citron vert*

✯ Pourquoi c'est magique ?

Une salade pour contrer la rétention d'eau tout en faisant le plein d'énergie.

SALADE DE ROQUETTE EXOTIQUE

ventre plat - anti-rétention d'eau - belle peau - détox

Temps de préparation : 10 minutes

Ingrédients : 50 g de roquette, 1/2 pamplemousse rose, 1 mangoustan, 2 kumquats, 1 c. à c. graines de sésame.

1. Lavez et essorez les feuilles de roquette.
2. Épluchez le pamplemousse et le mangoustan et détaillez-les en quartiers.
3. Malaxez bien les kumquats puis coupez-les en deux.
4. Dans votre coupe, disposez la roquette puis recouvrez avec le pamplemousse et le mangoustan.
5. Saupoudrez de graines de sésame.
6. Disposez les kumquats au-dessus.

♦ *Vinaigrettes conseillées : vinaigrette huile d'olive et citron – vinaigrette au kiwano*

✯ Pourquoi c'est magique ?

Une salade riche en antioxydants qui vous aidera à conserver un teint éclatant. Associée à des diurétiques puissants, vous allez éliminer les toxines tout en régulant votre transit intestinal.

SALADE DE CÉLERI ET POMMES

anti-rétention d'eau - détox - antirhumatismes

Temps de préparation : 10 minutes

Ingrédients : 50 g de céleri branche, 1 petite pomme verte, 10 cerneaux de noix, 1/2 citron jaune, 1 c. à c. de ciboulette, 1 c. à c. de persil, 1 c. à c. de cerfeuil, 1 c. à c. d'estragon, 1 c. à c. de paprika.

1. Épluchez, épépinez et coupez la pomme en lamelles. Arrosez-la avec le jus de citron.
2. Épluchez et émincez le céleri.
3. Dans votre coupe, disposez le céleri, la pomme et les cerneaux de noix.
4. Parsemez avec les herbes ciselées et le paprika.

♦ *Vinaigrettes conseillées : mayonnaise aux herbes – vinaigrette aux agrumes*

✯ Pourquoi c'est magique ?

Une salade digestive pour retrouver un ventre plat grâce aux vertus antiballonnements de la pomme et diurétiques du céleri.

SALADE DE CAROTTES AUX AGRUMES

confort digestif - anti-rétention d'eau - belle peau - vitaminée

Temps de préparation : 10 minutes

Ingrédients : 3 carottes, 2 petites oranges, 1 tranche d'ananas, 10 raisins secs, 1/2 de poivron jaune, 10 brins de ciboulette.

1. Épluchez, râpez les carottes et arrosez-les avec le jus d'une orange.
2. Dans votre coupe, disposez les carottes râpées.
3. Épluchez et coupez l'autre orange en quartiers.
4. Lavez, épépinez et coupez le poivron en lamelles.
5. Coupez la tranche d'ananas en dés.
6. Recouvrez les carottes avec les quartiers d'orange, les lamelles de poivron et les dés d'ananas.
7. Parsemez de raisins secs et de la ciboulette lavée et ciselée.

💧 *Vinaigrettes conseillées : vinaigrette blanche aux épices – vinaigrette aux agrumes*

☆ Pourquoi c'est magique ?

Une salade de l'été, riche en vitamines pour un effet ventre plat garanti !

SALADE DE CÉLERI AUX FRUITS DE LA PASSION

ventre plat - antirhumatismes - jambes légères

Temps de préparation : 10 minutes

Ingrédients : 1 céleri branche, 1 pomme acidulée, 1 orange, 1/2 avocat, 2 fruits de la passion, 30 g de maïs, 1/2 citron vert.

1. Coupez les fruits de la passion en deux et récupérez la pulpe à l'aide d'une cuillère.
2. Pelez la pomme et détaillez-la en lamelles.
3. Épluchez l'avocat et coupez-le en fines tranches.
4. Dans votre coupe, disposez les lamelles de pomme, d'avocat et la pulpe des fruits de la passion. Arrosez avec le jus de citron vert.
5. Lavez la tige de céleri et découpez-la en tronçons.
6. Épluchez et coupez l'orange en quartiers.
7. Ajoutez le maïs et l'orange dans la coupe puis mélangez.

♦ *Vinaigrettes conseillées : vinaigrette au sésame – vinaigrette au miel*

✯ Pourquoi c'est magique ?

Une salade reminéralisante et diurétique avec les fibres nécessaires pour réguler le transit intestinal.

Salade de haricots verts à l'orange

anti-rétention d'eau - belle peau - stop-faim - antifatigue - antistress

Temps de préparation : 10 minutes

Temps de cuisson : 10 minutes

Ingrédients : 100 g de haricots verts extrafins surgelés, 2 oranges, 40 g de noisettes, 2 c. à s. de persil frais haché.

1. Faites cuire les haricots verts dans une casserole d'eau salée durant 10 minutes puis égouttez-les.
2. Dans votre coupe, disposez les haricots verts tièdes, les lamelles d'une orange et les noisettes.
3. Parsemez de persil et arrosez du jus de l'autre orange.

♦ *Vinaigrettes conseillées : vinaigrette italienne – vinaigrette à l'ail et au citron vert*

✯ Pourquoi c'est magique ?

Le haricot vert stimule tout le système nerveux. Une salade énergisante, amincissante et antistress pour toutes celles qui veulent mincir en gardant le moral.

SALADE DE SURIMI, MAÏS, ANANAS

confort digestif - anti-rétention d'eau - anticellulite

Temps de préparation : 10 minutes

Ingrédients : 5 bâtonnets de surimi, 1 petite boîte de maïs, 2 tranches d'ananas, 1 c. à c. de paprika, 1 c. à s. d'estragon haché.

1. Découpez les tranches d'ananas en morceaux.
2. Dans votre coupe, versez le maïs rincé et égoutté, les bâtonnets de surimi coupés en dés et l'ananas en morceaux. Mélangez.
3. Parsemez d'estragon et saupoudrez de paprika.

♦ *Vinaigrettes conseillées : vinaigrette aux agrumes – vinaigrette à l'échalote*

✯ Pourquoi c'est magique ?

Des protéines associées à l'ananas constituent une salade qui redonne de l'énergie tout en favorisant l'élimination des toxines et de la cellulite.

SALADE DE POULET À L'ANANAS

anti-rétention d'eau - anticellulite - détox - belle peau

Temps de préparation : 10 minutes

Ingrédients : 1 blanc de poulet cuit, 2 tranches d'ananas, 1/2 poivron rouge, 1 c. à s. de persil haché.

1. Découpez les tranches d'ananas en morceaux.
2. Dans votre coupe, mélangez le poulet coupé en dés avec l'ananas et le poivron rouge épépiné puis découpé en lamelles.
3. Parsemez de persil.

♦ *Vinaigrettes conseillées : vinaigrette au curry et aux herbes – vinaigrette soja-Tabasco*

✯ Pourquoi c'est magique ?

Le poulet est une viande maigre riche en protéines qui, associé à l'ananas et au poivron permet d'éliminer les déchets incrustés dans l'organisme.

CREVETTES SUR BULBE DE FENOUIL

montée de lait - antiballonement - antirhumatismes - détox

Temps de préparation : 10 minutes

Ingrédients : 1 bulbe de fenouil, 10 belles crevettes roses, 1 œuf, 1/2 citron vert, 1 c. à s. de paprika.

1. Faites cuire l'œuf durant dix minutes dans une casserole d'eau bouillante jusqu'à ce qu'il soit dur. Puis, écalez-le.
2. Lavez puis râpez grossièrement le bulbe de fenouil. Arrosez-le de jus de citron.
3. Écrasez l'œuf avec une fourchette puis mélangez-le au fenouil.
4. Remplissez votre coupe de ce mélange puis recouvrez avec les crevettes décortiquées.
5. Saupoudrez de paprika.

♦ *Vinaigrettes conseillées : vinaigrette au radis noir – vinaigrette aux œufs de saumon*

✯ Pourquoi c'est magique ?

Une salade reminéralisante, digestive et diurétique grâce au fenouil, avec des protéines de la mer, pour faire le plein d'énergie.

SALADE DE LAITUE AU SAUMON FUMÉ

antiballonnement -
anti-rétention d'eau - détox

Temps de préparation : 10 minutes

Ingrédients : 5 belles feuilles de laitue, 1 tranche de saumon fumé, 5 radis roses, 5 rondelles de concombre, 1 c. à s. d'aneth ciselé, 10 graines de coriandre.

1. Dans votre coupe, disposez les feuilles de laitue rincées, puis remplissez-les avec les radis équeutés puis lavés et les rondelles de concombre.
2. Disposez par-dessus le saumon coupé en fines lamelles.
3. Parsemez d'aneth et de graines de coriandre.

♦ *Vinaigrettes conseillées : vinaigrette à l'estragon – vinaigrette aux œufs de saumon*

☆ Pourquoi c'est magique ?

Une salade digestive et diurétique qui régule le transit grâce à la coriandre.

SALADE DE BROCOLI AUX LANGOUSTINES

anti-rétention d'eau - détox - belle peau - superlight

Temps de préparation : 10 minutes

Temps de cuisson : 10 minutes

Ingrédients : 1/2 bouquet de brocoli, 5 belles langoustines, 4 kumquats, 1 c. à c. de cumin.

1. Faites cuire le brocoli durant 10 minutes à la vapeur.
2. Dans votre coupe, disposez les morceaux de brocoli et saupoudrez-les de cumin.
3. Décortiquez les langoustines.
4. Recouvrez les morceaux de brocoli avec les langoustines.
5. Décorez avec les kumquats coupés en deux.

♦ *Vinaigrettes conseillées : vinaigrette aux agrumes – vinaigrette au kiwano*

✯ Pourquoi c'est magique ?

Le brocoli a une action dépurative sur l'organisme et le kumquat est un antioxydant de premier choix qui régule le transit intestinal.

SALADE D'AUBERGINES AU THON

antifatigue - confort digestif - anti-rétention d'eau - belle peau - antistress

Temps de préparation : 10 minutes

Temps de cuisson : 10 minutes

Ingrédients : 1 aubergine, 1 tomate grappe, 1 petite boîte de thon au naturel, 1 c. à s. de basilic frais haché, 1 c. à c. de thym.

1. Faites cuire l'aubergine durant 10 minutes à la vapeur.
2. Lavez puis coupez la tomate en rondelles.
3. Dans votre coupe, mélangez l'aubergine coupée en lamelles avec la tomate.
4. Recouvrez avec le thon émietté.
5. Saupoudrez de basilic et de thym.

♦ *Vinaigrettes conseillées : vinaigrette à l'ail et au citron vert – vinaigrette au poivron*

✫ Pourquoi c'est magique ?

Une salade requinquante qui ne fait pas grossir, à privilégier en cas d'efforts intellectuels ou physiques à fournir dans l'après-midi !

SALADE DE FENOUIL AUX POIS

confort digestif - anti-rétention d'eau - anticellulite - belle peau

Temps de préparation : 10 minutes

Temps de cuisson : 10 minutes

Ingrédients : 1 bulbe de fenouil, 30 g de petits pois frais, 30 g de petits pois gourmands, 1 orange, 1 tranche d'ananas, 10 baies roses.

1. Faites cuire les petits pois frais et gourmands dans une casserole d'eau salée durant 10 minutes. Au bout de cinq minutes, ajoutez le bulbe de fenouil pour le faire blanchir.
2. Dans votre coupe, mélangez le bulbe de fenouil émincé en fines lamelles avec les petits pois.
3. Épluchez l'orange et coupez l'ananas en morceaux.
4. Ajoutez les fruits et parsemez de baies roses.

♦ *Vinaigrettes conseillées : vinaigrette au curry et aux herbes – vinaigrette à la grenade*

☆ Pourquoi c'est magique ?

Tonus et minceur se partagent cette salade aux vertus aussi énergétiques que diurétiques !

SALADE DE TRÉVISE AU PAMPLEMOUSSE

ventre plat - anti-rétention d'eau - détox - hyperlight - jambes légères

Temps de préparation : 10 minutes

Ingrédients : 5 belles feuilles de salade Trévise, 1 endivette, 1/2 pamplemousse, 1/2 pomme, 2 c. à s. de menthe fraîche.

1. Lavez la salade et déposez-la au fond de la coupe.
2. Pelez le pamplemousse et la pomme, détaillez-les en dés.
3. Lavez l'endivette et coupez-la en petits tronçons.
4. Recouvrez la salade avec les tronçons d'endivette, les morceaux de pamplemousse et de pomme.
5. Parsemez de menthe fraîche.

♦ *Vinaigrettes conseillées : vinaigrette huile d'olive et citron – vinaigrette à la datte fraîche*

✯ Pourquoi c'est magique ?

La salade diurétique par excellence qui permet d'éliminer les toxines tout en conservant un ventre plat.

SALADE DE MÂCHE AU JAMBON CRU

confort digestif - anti-rétention d'eau - antifatigue - belle peau

Temps de préparation : 10 minutes

Ingrédients : 1 petit bouquet de mâche, 1 belle tranche de jambon cru, 1 petite barquette de framboises, 1 c. à c. de menthe fraîche hachée.

1. Lavez la mâche et déposez-la au fond de la coupe.
2. Ajoutez le jambon découpé en lamelles.
3. Recouvrez avec les framboises rincées au préalable.
4. Parsemez de menthe fraîche.

♦ *Vinaigrettes conseillées : vinaigrette huile d'olive et citron – vinaigrette au kiwano*

✯ Pourquoi c'est magique ?

Une salade minceur et équilibrante grâce à une protéine, un fruit diurétique et la menthe fraîche qui régule le transit.

SALADE DE CREVETTES AUX LITCHIS

anti-rétention d'eau - belle peau - détox - antihypertension - antifatigue

Temps de préparation : 10 minutes

Ingrédients : 20 feuilles d'épinards, 15 belles crevettes roses, 10 litchis, 1 c. à s. de persil frais haché.

1. Lavez les feuilles d'épinards et déposez-les au fond de la coupe.
2. Ajoutez les crevettes décortiquées et les litchis épluchés puis dénoyautés.
3. Parsemez de persil frais.

♠ *Vinaigrettes conseillées : vinaigrette au yaourt et à la datte fraîche – vinaigrette à l'estragon*

✯ Pourquoi c'est magique ?

Une salade conseillée à celles qui font de l'hypertension grâce à la présence du litchi qui, associé aux épinards et aux crevettes, est parfaite pour combattre l'anémie. À consommer sans modération pour prévenir les troubles cardio-vasculaires.

SALADE DE POULET À LA CARAMBOLE

anti-rétention d'eau - antihypertension - belle peau - détox

Temps de préparation : 10 minutes

Ingrédients : 5 feuilles de laitue, 1 blanc de poulet cuit, 2 caramboles, 5 litchis, 1 c. à s. de menthe fraîche hachée.

1. Lavez les feuilles de laitue et déposez-les au fond de la coupe.
2. Coupez le blanc de poulet en lamelles.
3. Lavez et coupez les caramboles en lamelles dans le sens de la largeur.
4. Épluchez et dénoyautez les litchis.
5. Ajoutez le poulet, les caramboles et les litchis sur la laitue.
6. Parsemez de menthe fraîche.

♦ *Vinaigrettes conseillées : vinaigrette à la grenade – vinaigrette aux agrumes*

✯ Pourquoi c'est magique ?

Carambole, litchi, laitue, menthe : cette salade a un fort pouvoir diurétique. Antioxydante de surcroît, elle apporte la ration de protéines nécessaire dans le cadre d'un régime minceur.

SALADE AVOCAT ET CREVETTES À L'ANONE

ventre plat - anti-rétention d'eau - belle peau - antifatigue

Temps de préparation : 10 minutes

Ingrédients : 1 avocat, 10 belles crevettes roses, 2 anones pomme cannelle, 5 graines de baies roses, 1 c. à c. de curry.

1. Pelez l'avocat, découpez-le en lamelles.
2. Décortiquez les crevettes.
3. Coupez les anones en deux et récupérez la chair à l'aide d'une cuillère.
4. Dans votre coupe, mélangez l'avocat et les anones puis recouvrez avec les crevettes.
5. Parsemez de baies roses et de curry.

♦ *Vinaigrettes conseillées : vinaigrette basique – vinaigrette soja-Tabasco*

✯ Pourquoi c'est magique ?

Diurétique et digestive, cette salade est à consommer dans le cadre d'un régime tout en vous redonnant votre potentiel énergétique optimal.

SALADE DE GRAINES GERMÉES

antifatigue - ventre plat - antistress

Temps de préparation : 10 minutes
Temps de cuisson : 5 minutes

Ingrédients : 1 poignée de pousses de soja, 1 c. à s. de graines de lentilles vertes germées, 1 c. à s. ce haricots mungo, 1 c. à s. de tournesol germé, 1 blanc de poulet cuit, 30 g de champignons noirs déshydratés, 1/2 poivron rouge.

1. Réhydratez les champignons dans l'eau bouillante durant 5 minutes.
2. Découpez le blanc de poulet en lamelles.
3. Épépinez, lavez puis coupez le poivron en lamelles.
4. Dans votre coupe, mélangez les graines germées avec le poivron et les champignons.
5. Recouvrez avec les lamelles de poulet.

♦ *Vinaigrettes conseillées : vinaigrette thaïe – vinaigrette soja-Tabasco*

☆ Pourquoi c'est magique ?

Des protéines végétales et de l'énergie en prime avec cette salade qui vous aidera à contrer la rétention d'eau et la fatigue.

MÉLANGE DE SALADES AUX LANGOUSTINES

ventre plat - anti-rétention d'eau - antistress - stimulante

Temps de préparation : 10 minutes

Ingrédients : 1 poignée d'oseille, 1 poignée de feuilles d'épinards, 1 poignée de mesclun, 1 poignée de mâche, 5 belles langoustines, 5 tomates cerise, 1 c. à c. de gingembre frais râpé.

1. Rincez et essorez les salades.
2. Décortiquez les langoustines.
3. Lavez les tomates cerise.
4. Dans votre coupe, mélangez les salades puis recouvrez avec les langoustines.
5. Décorez avec les tomates cerise.
6. Parsemez de gingembre.

🌢 *Vinaigrettes conseillées : vinaigrette à l'ail et au citron vert – vinaigrette blanche aux épices*

✩ Pourquoi c'est magique ?

Digeste et diurétique, une belle salade pour mincir en faisant le plein d'énergie grâce au gingembre.

SALADE POIREAUX, ANANAS ET FIGUE DE BARBARIE

ventre plat - anti-rétention d'eau - superlight - anticellulite

Temps de préparation : 10 minutes

Ingrédients : 1 blanc de jeune poireau, 1 branche de céleri, 1 tranche d'ananas, 2 œufs durs, 1 figue de Barbarie, 1/2 poivron vert, 1 c. à c. de cumin.

1. Lavez le poireau, le céleri et le poivron et détaillez-les en lamelles.
2. Découpez l'ananas en morceaux.
3. Coupez la figue de barbarie en deux et récupérez la pulpe à la cuillère.
4. Dans votre coupe, mélangez le poireau, le céleri, le poivron et les œufs durs émiettés.
5. Recouvrez avec l'ananas, la figue de Barbarie et saupoudrez de cumin.

♦ *Vinaigrettes conseillées : vinaigrette au fruit de la passion – vinaigrette au cresson*

✯ Pourquoi c'est magique ?

Une salade antioxydante pour retrouver la ligne et un ventre plat le temps d'un déjeuner.

MÉLI-MÉLO DE SALADES AUX FRAISES

ventre plat - anti-rétention d'eau - belle peau - détox

Temps de préparation : 10 minutes

Ingrédients : 2 cœurs de laitue, 5 feuilles de chêne, 5 feuilles de scarole, quelques feuilles de cresson, 10 belles fraises, 1 oignon rouge, 1 c. à c. de cannelle, 1 c. à c. de menthe fraîche hachée.

1. Lavez les salades et déposez-les au fond de votre coupe.
2. Épluchez et émincez l'oignon.
3. Rincez et équeutez les fraises.
4. Ajoutez l'oignon et les fraises coupées en deux sur les salades.
5. Saupoudrez de cannelle et de menthe.

♦ *Vinaigrettes conseillées : vinaigrette basique – vinaigrette aux agrumes*

✯ Pourquoi c'est magique ?

Une salade diurétique qui va détoxifier le foie grâce aux fraises et favoriser l'amincissement avec le mélange de salades, riches en eau et en vitamines. La cannelle et la menthe vont réguler le transit.

Salades aromatiques énergétiques

Toutes les salades sont conçues pour une personne.

SALADE DE LENTILLES AUX CLOUS DE GIROFLE

antistress - montée de lait - confort digestif - stop-faim - belle peau

Temps de préparation : 5 minutes

Ingrédients : 50 g de lentilles cuites, 2 carottes cuites, 1 oignon, 1 saucisse de Morteau cuite.

1. Dans votre coupe, disposez les lentilles.
2. Découpez les carottes et la saucisse en rondelles.
3. Épluchez et émincez l'oignon.
4. Mélangez le tout.

♦ *Vinaigrettes conseillées : vinaigrette à l'estragon – vinaigrette à l'ail et au citron vert*

✯ Pourquoi c'est magique ?

Une salade pour les mamans qui allaitent car les lentilles favorisent la montée de lait. Associées aux carottes qui régulent le transit intestinal, et à l'oignon qui est un véritable antibiotique naturel, les lentilles sont recommandées pour refaire la flore intestinale et le plein d'énergie en même temps.

SALADE ROMAINE AUX LENTILLES

montée de lait - confort digestif - antioxydante - stop-faim

Temps de préparation : 10 minutes

Ingrédients : 50 g de lentilles cuites, 5 belles feuilles de salade romaine, 1 pomme rouge, 10 cerneaux de noix, 1 c. à c. de curcuma.

1. Lavez les feuilles de salade puis disposez-les au fond de votre coupe.
2. Remplissez-les avec les lentilles et la pomme pelée puis coupée en lamelles.
3. Ajoutez les cerneaux de noix et saupoudrez de curcuma.

♦ *Vinaigrettes conseillées : vinaigrette à la noix – vinaigrette au curry et aux herbes*

✯ Pourquoi c'est magique ?

Toujours pour les mamans qui allaitent et pour toutes celles sujettes à un effort intellectuel intense qui nécessite de faire le plein d'énergie.

TABOULÉ AUX POIVRONS

antistress - antiballonnement -
belle peau - stop-faim - détox

Temps de préparation : 10 minutes (à préparer la veille)

Ingrédients : 50 g de semoule de couscous cuite, 1/4 de poivron rouge, 1/4 de poivron vert, 1/4 de poivron jaune, 1 tomate grappe, 1/4 de concombre, 1 oignon, 2 c. à s. de persil frais, 2 c. à s. de menthe fraîche.

1. Lavez puis découpez les poivrons, la tomate et le concombre pelé en petits dés.
2. Pelez et émincez l'oignon.
3. Dans un récipient, salez les légumes puis laissez-les dégorger toute une nuit au frais.
4. Le lendemain, déposez la semoule au fond de la coupe puis les légumes égouttés. Mélangez.
5. Rincez et hachez les herbes fraîches avant d'en parsemer votre taboulé. Versez la vinaigrette puis mélangez de nouveau. Servez bien frais.

♦ *Vinaigrettes conseillées : vinaigrette huile d'olive et citron – vinaigrette à l'ail et au citron vert*

☆ Pourquoi c'est magique ?

Une salade énergétique qui a le mérite de favoriser l'élimination des toxines grâce à la présence des poivrons, du concombre et des herbes.

TABOULÉ LIBANAIS

confort digestif - anti-rétention d'eau - belle peau - stop-faim

Temps de préparation : 10 minutes

Temps de cuisson : 10 minutes

Ingrédients : 50 g de boulgour, 1 tomate grappe, 1 oignon, 4 c. à s. de persil plat frais, 2 c. à s. de menthe fraîche.

1. Faites cuire le boulgour comme indiqué sur l'emballage.
2. Lavez puis coupez la tomate en petits dés.
3. Épluchez et émincez l'oignon.
4. Lavez puis hachez les herbes fraîches.
5. Dans votre coupe, disposez le boulgour puis ajoutez les dés de tomates, l'oignon et les herbes. Mélangez et servez bien frais.

♦ *Vinaigrettes conseillées : vinaigrette huile d'olive et citron – vinaigrette à l'ail et au citron vert*

✯ Pourquoi c'est magique ?

Une vraie salade énergétique à consommer en cas de baisse de moral et de stress passager.

TABOULÉ TURC

antistress - antiballonnement - belle peau - détox

Temps de préparation : 10 minutes
Temps de cuisson : 10 minutes

Ingrédients : 50 g de boulgour, 1/4 de poivron rouge, 1 oignon, 10 feuilles de vigne, 4 c. à s. de persil plat frais, 2 c. à s. de menthe fraîche.

1. Faites cuire le boulgour comme indiqué sur l'emballage.
2. Épépinez, lavez puis coupez le poivron en lamelles.
3. Épluchez et émincez l'oignon.
4. Lavez puis hachez les herbes fraîches.
5. Ébouillantez les feuilles de vigne et disposez-les au fond de votre coupe.
6. Recouvrez de boulgour puis ajoutez l'oignon et le poivron.
7. Parsemez de persil et de menthe.

- *Vinaigrettes conseillées : vinaigrette à la grenade – vinaigrette à l'ail et au citron vert*

✯ Pourquoi c'est magique ?

Une salade aux multiples bienfaits pour retrouver de l'énergie et un moral d'acier.

TABOULÉ AU TOFU

antistress - antiballonnement - belle peau - stop-faim - détox

Temps de préparation : 10 minutes

Temps de cuisson : 10 minutes

Ingrédients : 50 g de boulgour, 50 g de tofu aux herbes, 1 tomate grappe, 1/4 de concombre, 1 oignon, 4 c. à s. de persil plat frais, 2 c. à s. de menthe fraîche.

1. Faites cuire le boulgour comme indiqué sur l'emballage.
2. Lavez puis coupez la tomate en petits dés.
3. Pelez puis coupez le concombre en petits dés.
4. Détaillez le tofu en morceaux.
5. Épluchez et émincez l'oignon.
6. Lavez puis hachez les herbes fraîches.
7. Dans votre coupe, disposez le boulgour puis ajoutez les dés de tomates, de concombre, les morceaux de tofu, l'oignon et les herbes. Mélangez et servez bien frais.

♦ *Vinaigrettes conseillées : vinaigrette huile d'olive et citron – vinaigrette à l'ail et au citron vert*

✯ Pourquoi c'est magique ?

Une salade spécial végétariennes pour faire le plein de protéines végétales.

SALADE DE QUINOA ROUGE À LA MANGUE

montée de lait - antistress - anti-rétention d'eau - stop-faim - détox

Temps de préparation : 10 minutes

Temps de cuisson : 10 minutes

Ingrédients : 50 g de quinoa rouge, 1 petit bouquet de mâche, 1 petite mangue, 6 belles crevettes roses, 1 c. à s. de coriandre, 1 c. à c. de gingembre frais.

1. Faites cuire le quinoa comme indiqué sur l'emballage.
2. Épluchez et coupez la mangue en lamelles.
3. Décortiquez les crevettes.
4. Dans votre coupe, déposez la mâche au fond puis recouvrez avec le quinoa, la mangue et les crevettes.
5. Saupoudrez de coriandre hachée et de gingembre râpé.

♦ *Vinaigrettes conseillées : vinaigrette huile d'olive et citron – vinaigrette aux agrumes*

✯ Pourquoi c'est magique ?

Le quinoa apporte tous les acides aminés essentiels à l'organisme. Avec la mangue antioxydante et le gingembre stimulant, cette salade est un véritable concentré d'énergie.

SALADE QUINOA LÉGUMES

confort digestif - stop-faim - détox

Temps de préparation : 10 minutes
Temps de cuisson : 20 minutes

Ingrédients : 50 g de quinoa, 1 carotte, 1 oignon, 2 c. à s. de fèves surgelées épluchées, 10 raisins secs, 1 c. à c. de cumin, 1 c. à c. de curcuma, 1 c. à c. d'huile d'olive, 50 cl de bouillon de légumes, sel, poivre.

1. Faites revenir l'oignon émincé dans une poêle à feu doux avec l'huile, les épices, sel et poivre durant 5 minutes. Réservez la moitié dans une autre poêle.
2. Dans la première, ajoutez le quinoa, les raisins, recouvrez de bouillon et laissez mijoter jusqu'à ce que le quinoa ait absorbé le bouillon. Laissez refroidir.
3. Dans l'autre poêle, faites revenir 5 minutes la carotte lavée et râpée avec les fèves en remuant.
4. Dans votre coupe, versez le mélange de quinoa puis les carottes et les fèves. Remuez et servez frais.

♦ *Vinaigrettes conseillées : vinaigrette huile d'olive et citron – vinaigrette à l'ail et au citron vert*

✯ Pourquoi c'est magique ?

Protéines, minéraux et vitamines se font la part belle dans cette salade qui redonnera du tonus tout en régulant le transit grâce à la carotte et aux épices.

SALADE PIÉMONTAISE

antistress - antiballonnement - belle peau - stop-faim

Temps de préparation : 10 minutes

Temps de cuisson : 20 minutes

Ingrédients : 2 pommes de terre, 1 œuf, 1 tranche de jambon blanc, 2 tranches de bacon, 6 tomates cerise, 2 cornichons, 1 oignon.

1. Faites cuire les pommes de terre pelées dans une casserole d'eau bouillante salée durant 20 minutes Au bout de 10 minutes de cuisson, ajoutez l'œuf.
2. Mixez le jambon et le bacon.
3. Épluchez et émincez l'oignon.
4. Coupez les cornichons en rondelles.
5. Dans votre coupe, disposez les pommes de terre coupées en rondelles.
6. Recouvrez-les avec l'œuf dur coupé en rondelles.
7. Ajoutez le jambon, le bacon, l'oignon et les cornichons.
8. Mélangez le tout puis décorez avec les tomates cerise.

♦ *Vinaigrettes conseillées : mayonnaise aux herbes – vinaigrette au poivron*

✯ Pourquoi c'est magique ?

Une salade énergétique et digeste pour être en forme toute la journée.

SALADE DE POMMES DE TERRE AUX POIVRONS

antistress - antiballonnement - belle peau - stop-faim - détox

Temps de préparation : 10 minutes

Temps de cuisson : 20 minutes

Ingrédients : 2 pommes de terre, 1 œuf, 1/2 poivron rouge, 1 c. à c. de menthe fraîche mixée, 1 c. à c. de basilic frais mixé, 1 c. à c. de ciboulette fraîche ciselée.

1. Faites cuire les pommes de terre dans une casserole d'eau bouillante salée durant 20 minutes Au bout de 10 minutes de cuisson, ajoutez l'œuf.
2. Épépinez, lavez et coupez le poivron en lamelles.
3. Dans votre coupe, disposez les pommes de terre coupées en rondelles.
4. Recouvrez-les avec l'œuf dur coupé en rondelles.
5. Ajoutez les lamelles de poivron.
6. Parsemez avec les herbes.

♦ *Vinaigrettes conseillées : vinaigrette au poivron – vinaigrette au cresson*

✰ Pourquoi c'est magique ?

La pomme de terre va améliorer tous les troubles gastriques et le poivron aidera à éliminer les toxines. Un mélange équilibré grâce à l'œuf, qui vient compléter les besoins en protéines.

SALADE AU RIZ SAUVAGE

antiballonnement - antiseptique - belle peau - stop-faim - détox

Temps de préparation : 10 minutes

Temps de cuisson : 20 minutes

Ingrédients : 50 g de riz sauvage, 1 petite boîte de champignons de Paris entiers, 20 feuilles d'épinards, 10 baies roses, 5 brins de ciboulette ciselée.

1. Faites cuire le riz sauvage dans une casserole d'eau bouillante salée durant 20 minutes.
2. Rincez et égouttez les champignons.
3. Lavez et essorez les feuilles d'épinards.
4. Dans votre coupe, disposez les feuilles d'épinards puis recouvrez-les du riz sauvage et des champignons.
5. Parsemez de ciboulette et de baies roses.

♦ *Vinaigrettes conseillées : vinaigrette au miel – vinaigrette huile d'olive et citron*

✯ Pourquoi c'est magique ?

Le riz sauvage qui est en fait de la folle avoine, contient plus de protéines que le riz, et est, en outre, de meilleure qualité car on y trouve de la lysine. Associé à l'épinard qui lutte contre l'anémie et aux baies roses, antiseptiques et anti-inflammatoires, le riz de cette salade de la vitalité sera également très bien digéré.

SALADE DE POMMES AU HADDOCK

antistress - confort digestif - anti-rétention d'eau - belle peau - stop-faim

Temps de préparation : 10 minutes
Temps de cuisson : 20 minutes

Ingrédients : 2 pommes de terre, 1 pomme verte, 20 grains de raisin, 1 tranche de haddock, 1 c. à s. de persil ciselé.

1. Faites cuire les pommes de terre dans une casserole d'eau bouillante salée durant 20 minutes.
2. Épluchez la pomme, détaillez-la en lamelles.
3. Dans votre coupe, disposez les pommes de terre pelées et coupées en rondelles puis recouvrez-les du haddock coupé en morceaux et des lamelles de pomme.
4. Parsemez de persil et décorez avec les grains de raisin.

♦ *Vinaigrettes conseillées : vinaigrette aux œufs de saumon – vinaigrette au radis noir*

✯ Pourquoi c'est magique ?

Pommes de terre et pommes seront les alliées de vos intestins tandis que le haddock comblera vos besoins en protéines. En y associant le raisin à fort pouvoir reminéralisant, cette salade de la forme chassera la fatigue efficacement.

SALADE PAPILLON AU CRABE

antihypertension - antistress - antiballonnement - stop-faim

Temps de préparation : 10 minutes

Temps de cuisson : 10 minutes

Ingrédients : 50 g de pâtes papillon, 1 petite boîte de crabe, 1 orange, 5 litchis, 1 citron vert, 1 c. à s. d'aneth ciselé.

1. Faites cuire les pâtes dans une casserole d'eau bouillante salée durant 10 minutes.
2. Égouttez-les puis disposez-les au fond de votre coupe.
3. Émiettez le crabe sur les pâtes puis arrosez du jus de citron.
4. Épluchez l'orange et ajoutez les quartiers.
5. Saupoudrez d'aneth et décorez avec les litchis épluchés.

♦ *Vinaigrettes conseillées : vinaigrette relevée à la mangue – vinaigrette basique*

✯ Pourquoi c'est magique ?

Pauvres en graisses et riches en glucides, les pâtes sont aussi énergétiques que rassasiantes. Avec une protéine de choix, le crabe et des fruits reminéralisants, cette salade est conseillée aux personnes fatiguées et à celles qui font de l'hypertension, grâce à la présence des litchis.

SALADE DE RIZ AU POULET ET AU MELON

antistress - antiballonnement - belle peau - stop-faim - détox

Temps de préparation : 10 minutes

Temps de cuisson : 10 minutes

Ingrédients : 50 g de riz longs grains, 1 blanc de poulet cuit, 1/2 avocat, 1 oignon rouge, 1/4 de poivron rouge, 1 petite branche de céleri, 1/2 melon.

1. Faites cuire le riz dans une casserole d'eau bouillante salée durant 10 minutes.
2. Émincez le blanc de poulet en lamelles.
3. Pelez et coupez l'avocat en fines tranches.
4. Épluchez et émincez l'oignon.
5. Épépinez, lavez et coupez le poivron en lamelles.
6. Découpez le melon en dés.
7. Lavez et coupez le céleri en tronçons.
8. Dans votre coupe, déposez le riz puis recouvrez avec le poulet, l'avocat, l'oignon, le poivron et le céleri.
9. Décorez avec les morceaux de melon.

♦ *Vinaigrettes conseillées : vinaigrette à l'ail et au citron vert – vinaigrette Savora*

✯ Pourquoi c'est magique ?

Une salade complète et équilibrée qui aide à éliminer les toxines grâce au poivron, au melon et au céleri.

SALADE DE TOFU AUX HERBES ET AUX LÉGUMES

anticholestérol - antistress - antiballonnement - belle peau - stop-faim - détox

Temps de préparation : 10 minutes

Ingrédients : 80 g de tofu aux herbes, 5 tomates cerise, 5 rondelles de concombre, 1 oignon, 1/4 de poivron vert, 10 olives noires dénoyautées, 1 c. à s. de coriandre fraîche hachée.

1. Coupez le tofu en gros dés.
2. Lavez les tomates cerise.
3. Épluchez et émincez l'oignon.
4. Épépinez, lavez et coupez le poivron en lamelles.
5. Dans votre coupe, déposez les rondelles de concombre puis recouvrez avec les morceaux de tofu, les lamelles de poivron, l'oignon et les olives.
6. Parsemez de coriandre et décorez avec les tomates cerise.

♦ *Vinaigrettes conseillées : vinaigrette à l'ail et au citron vert – vinaigrette au miel*

☆ Pourquoi c'est magique ?

Le tofu procure un excellent apport en protéines de bonne qualité, ne contenant ni cholestérol, ni gras d'aucune sorte. Associé aux légumes diurétiques et à la coriandre, le tofu est aussi énergétique que diététique.

SALADE DE TOFU AUX HERBES ET À LA MACÉDOINE

anticholestérol - antistress - anti-rétention d'eau - stop faim

Temps de préparation : 10 minutes

Ingrédients : 80 g de tofu aux herbes, 1 petite boîte de macédoine de légumes, 5 belles feuilles de laitue, 1 c. à s. d'herbes de Provence.

1. Lavez puis déposez les feuilles de laitue au fond de votre coupe.
2. Égouttez, rincez puis ajoutez la macédoine de légumes.
3. Recouvrez avec le tofu coupé en petits dés
4. Parsemez d'herbes de Provence.

♦ *Vinaigrettes conseillées : vinaigrette au fruit de la passion – vinaigrette thaïe*

✯ Pourquoi c'est magique ?

Le tofu contribue à faire baisser le taux de cholestérol sanguin, à diminuer le risque de cancer et de maladies cardio-vasculaires et à soulager certains troubles liés à la ménopause. C'est donc une protéine de choix qui, associée aux légumes, à la laitue et aux herbes, vous offre une salade équilibrée pour être en forme toute la journée.

SALADE DE TOFU AUX HERBES ET AUX PIGNONS DE PIN

anticholestérol - antistress - antiballonnement - belle peau - stop-faim

Temps de préparation : 10 minutes

Ingrédients : 80 g de tofu aux herbes, 1 tomate grappe, 1/4 de poivron vert, 10 olives noires dénoyautées, 20 pignons de pin, 1 c. à s. de basilic frais haché.

1. Découpez le tofu en dés.
2. Lavez puis détaillez la tomate en morceaux.
3. Épépinez, lavez puis coupez le poivron en lamelles.
4. Dans votre coupe, mélangez le tofu, la tomate, le poivron et les olives noires.
5. Parsemez de basilic et décorez avec les pignons de pin.

♦ *Vinaigrettes conseillées : vinaigrette à l'échalote – vinaigrette huile d'olive et citron*

☆ Pourquoi c'est magique ?

Le tofu, tout comme les pignons de pin, font baisser le taux du mauvais cholestérol. Cette salade est riche en vitamines et en protéines pour conserver toute votre vitalité.

SALADE AUX HARICOTS VERTS ET AUX POIS CHICHES

antidiabète - antistress - confort digestif - stop-faim

Temps de préparation : 5 minutes

Ingrédients : 1 petite boîte de haricots verts, 1 petite boîte de pois chiches au naturel, 5 tomates cerise, 1 c. à c. de graines de sésame, 1 c. à s. de menthe fraîche hachée, 1 c. à c. de cumin.

1. Rincez et égouttez les haricots verts et les pois chiches.
2. Lavez les tomates cerise.
3. Dans votre coupe, mélangez les haricots verts et les pois chiches.
4. Parsemez de menthe, de graines de sésame et saupoudrez de cumin.
5. Décorez avec les tomates cerise.

♦ *Vinaigrettes conseillées : vinaigrette à l'ail et au citron vert – vinaigrette au lait de soja*

✯ Pourquoi c'est magique ?

Les graines de sésame sont riches en fibres et regorgent de minéraux, dont le magnésium, le zinc et le fer. Avec les haricots verts et les pois chiches, cette salade de la vitalité redonnera de l'énergie à tous les organismes fatigués.

SALADE DE TORSADES AU BLANC DE DINDE

antistress - antiballonnement - belle peau - stop-faim - détox

Temps de préparation : 5 minutes

Temps de cuisson : 10 minutes

Ingrédients : 50 g de pâtes torsadées aux légumes, 1 blanc de dinde cuit, 3 champignons de Paris, 1/2 branche de céleri, 1 c. à s. de basilic frais haché, 1 c. à s. d'estragon frais haché.

1. Faites cuire les pâtes dans une casserole d'eau bouillante salée durant 10 minutes.
2. Égouttez-les puis versez-les dans la coupe.
3. Epluchez, lavez puis râpez le céleri.
4. Recouvrez les pâtes du blanc de dinde coupé en dés, des champignons lavés puis coupés en lamelles et du céleri râpé.
5. Parsemez de basilic et d'estragon.

♦ *Vinaigrettes conseillées : vinaigrette à l'échalote – vinaigrette Tournesol*

✯ Pourquoi c'est magique ?

Des sucres lents, des protéines, du céleri pour favoriser l'élimination des toxines et des herbes digestives, voilà une salade tout indiquée en cas de fatigue passagère ou de baisse de moral.

SALADE D'ENDIVES AU ROQUEFORT

antistress - ventre plat - anti-rétention d'eau - stop-faim - détox

Temps de préparation : 5 minutes

Ingrédients : 2 endives, 1 morceau de roquefort, 10 cerneaux de noix, 10 noisettes.

1. Lavez les endives et découpez-les en tronçons.
2. Déposez-les au fond de votre coupe et recouvrez du roquefort coupé en petits morceaux.
3. Parsemez de noix et de noisettes.

♦ *Vinaigrettes conseillées : vinaigrette à huile d'olive et citron – vinaigrette au sésame*

✯ Pourquoi c'est magique ?

L'endive couvre les besoins quotidiens de l'organisme en oligo-éléments et en minéraux, notamment en sélénium, en acide folique, et en vitamine C. De plus, sa richesse en potassium favorise une bonne épuration rénale. Les bienfaits des noix découlent de la synergie entre la mélatonine et les nutriments qu'elles contiennent. De ce fait, elles préviennent les cancers et les maladies cardiovasculaires. Avec les endives et les noisettes, très énergétiques, cette salade est un condensé de vitalité.

SALADE GRECQUE AU CUMIN

antistress - ventre plat - belle peau - détox

Temps de préparation : 5 minutes

Ingrédients : 1 tomate grappe, 15 dés de feta, 10 rondelles de concombre, 10 olives noires dénoyautées, 1 c. à c. de cumin.

1. Lavez la tomate et coupez-la en morceaux.
2. Déposez-les au fond de votre coupe et recouvrez avec la feta, les rondelles de concombre et les olives noires.
3. Saupoudrez de cumin.

♦ *Vinaigrettes conseillées : vinaigrette huile d'olive et citron – vinaigrette italienne*

✯ Pourquoi c'est magique ?

La feta est riche en graisses saturées mais à petite dose, elle est une source de protéines qui, associée aux légumes diurétiques, offre une salade aussi énergétique que diététique.

SALADE DE POMMES DE TERRE AUX BETTERAVES

antistress - anti-rétention d'eau - belle peau - stop-faim

Temps de préparation : 10 minutes

Temps de cuisson : 20 minutes

Ingrédients : 2 pommes de terre, 1 betterave cuite, 1/2 pomme acidulée, 1 oignon rouge, 1 c. à s. de persil plat haché.

1. Faites cuire les pommes de terre dans une casserole d'eau bouillante salée durant 20 minutes.
2. Épluchez-les, coupez-les en lamelles et déposez-les au fond de votre coupe.
3. Recouvrez avec la betterave coupée en lamelles, la pomme épluchée et coupée en fines tranches puis l'oignon épluché et émincé.
4. Parsemez de persil plat.

♦ *Vinaigrettes conseillées : vinaigrette huile d'olive et citron – vinaigrette à la cacahuète*

☆ Pourquoi c'est magique ?

La betterave est un légume très riche en sels minéraux qui, associé à la pomme de terre, la pomme et l'oignon, confère à cette salade un bon équilibre énergétique.

SALADE DE RIZ EXOTIQUE

antistress - confort digestif - belle peau - stop-faim - détox - stimulante

Temps de préparation : 10 minutes

Temps de cuisson : 10 minutes

Ingrédients : 50 g de riz basmati, 1 blanc de poulet cuit, 1 petite boîte de maïs, 1/2 pomme, 5 litchis, 1 c. à s. gingembre frais râpé.

1. Faites cuire le riz dans une casserole d'eau bouillante salée durant 10 minutes.
2. Une fois égoutté, versez-le au fond de la coupe.
3. Egouttez puis rincez le maïs.
4. Recouvrez le riz avec le poulet détaillé en lamelles, la pomme épluchée et coupée en lamelles, le maïs et les litchis.
5. Parsemez de gingembre.

♦ *Vinaigrettes conseillées : vinaigrette thaïe – vinaigrette relevée à la mangue*

✯ Pourquoi c'est magique ?

Une salade riche en protéines, en sucres lents qui offre l'avantage de bien réguler le transit intestinal grâce à la pomme et au gingembre.

SALADE DE RIZ SAUVAGE AUX DATTES

antistress - antiballonnement - belle peau - stop-faim - détox

Temps de préparation : 10 minutes

Temps de cuisson : 20 minutes

Ingrédients : 50 g de riz sauvage, 1 orange, 1 tranche de pastèque, 5 dattes, 10 rondelles de concombre.

1. Faites cuire le riz dans une casserole d'eau bouillante salée durant 20 minutes.
2. Une fois égoutté, versez-le au fond de la coupe.
3. Épluchez et coupez l'orange en quartiers.
4. Coupez la pastèque en morceaux.
5. Recouvrez le riz avec l'orange, la pastèque, les dattes et les rondelles de concombre.

♦ *Vinaigrettes conseillées : vinaigrette à l'ail et au citron vert – vinaigrette au poivron*

✯ Pourquoi c'est magique ?

Les dattes sont riches en calcium, chlore et potassium ce qui les rend très actives sur le plan de l'énergie musculaire. Avec les fruits et légumes diurétiques et le riz sauvage, cette salade offre toutes les qualités nutritionnelles pour conserver votre vitalité.

SALADE DE MACARONIS AU CHÈVRE ET AUX NOIX

antistress - antiballonnement - belle peau - stop-faim - détox

Temps de préparation : 5 minutes

Temps de cuisson : 10 minutes

Ingrédients : 50 g de macaronis, 10 feuilles de roquette, 1/2 chèvre frais, 10 cerneaux de noix, 1 c. à c. de paprika.

1. Faites cuire les macaronis dans une casserole d'eau bouillante salée durant 10 minutes.
2. Lavez les feuilles de roquette.
3. Dans votre coupe, disposez les feuilles de roquette puis recouvrez avec les macaronis refroidis et les morceaux de chèvre frais.
4. Parsemez de cerneaux de noix et saupoudrez de paprika.

♦ *Vinaigrettes conseillées : vinaigrette à la datte fraîche – vinaigrette au yaourt et à la datte fraîche*

✯ Pourquoi c'est magique ?

Sucres lents, fruits secs énergétiques, roquette diurétique et fromage de chèvre pour la protéine, cette salade est un plat complet parfaitement équilibré.

FRISÉE À L'ŒUF, AUX LARDONS ET AUX NOIX

antistress - antiballonnement - belle peau - stop-faim - détox

Temps de préparation : 5 minutes

Temps de cuisson : 5 minutes

Ingrédients : 5 belles feuilles de frisée, 150 g de lardons fumés, 1 œuf, 10 cerneaux de noix, 1 c. à s. de ciboulette ciselée.

1. Faites cuire l'œuf pour qu'il soit mollet.
2. Pendant ce temps, faites revenir les lardons à la poêle durant 5 minutes à feu moyen.
3. Lavez les feuilles de frisée.
4. Dans votre coupe, disposez les feuilles de frisée puis recouvrez avec les lardons et les cerneaux de noix.
5. Ajoutez l'œuf mollet à la fin.
6. Saupoudrez de ciboulette.

♦ *Vinaigrettes conseillées : vinaigrette à l'ail et au citron vert – vinaigrette à l'échalote*

✯ Pourquoi c'est magique ?

Une salade riche en minéraux, en protéines et en fruits secs pour faire le plein de vitamines et d'énergie.

SALADE DE LA MER

antihypothyroïdie - antistress - antiballonnement - stop-faim - détox

Temps de préparation : 10 minutes

Temps de cuisson : 10 minutes

Ingrédients : 50 g de macaronis, 5 bâtonnets de surimi, 5 belles crevettes roses, 5 calamars cuits, 1 petite boîte de thon au naturel, 1 c. à s. d'aneth ciselé.

1. Faites cuire les macaronis dans une casserole d'eau bouillante salée durant 10 minutes.
2. Égouttez-les puis disposez-les au fond de votre coupe.
3. Mélangez-les avec le surimi découpé en dés, les crevettes décortiquées, les calamars et le thon émietté.
4. Saupoudrez d'aneth.

♦ *Vinaigrettes conseillées : vinaigrette aux œufs de saumon – vinaigrette à l'ail et au citron vert*

✯ Pourquoi c'est magique ?

Une salade très protéinée à privilégier avant d'accomplir un effort important, qu'il soit intellectuel ou physique.

SALADE DE SPAGHETTIS AU CRABE

antistress - antiballonnement - stop-faim - détox

Temps de préparation : 10 minutes

Temps de cuisson : 10 minutes

Ingrédients : 50 g de spaghettis complets, 1 boîte de crabe, 5 tomates cerise, 1 c. à s. d'estragon frais haché.

1. Faites cuire les spaghettis dans une casserole d'eau bouillante salée durant 10 minutes.
2. Égouttez-les puis disposez-les au fond de votre coupe.
3. Égouttez le crabe et mélangez-le aux pâtes.
4. Saupoudrez d'estragon et décorez avec les tomates cerise.

♦ *Vinaigrettes conseillées : vinaigrette au curry et aux herbes – vinaigrette aux œufs de saumon*

✯ Pourquoi c'est magique ?

Le simple fait de ne pas raffiner les grains des céréales permet de conserver plus de fibres, de vitamines et de minéraux. Ainsi les spaghettis au blé complet, associés à une protéine, aux tomates et à l'estragon, offrent à cette salade une valeur énergétique et digestive tout à fait intéressante.

SALADE DE CRESSON AU MAGRET DE CANARD

antistress - confort digestif - stop-faim - détox

Temps de préparation : 10 minutes

Ingrédients : 1 petit bouquet de cresson, 15 lamelles de magret de canard fumé.

1. Lavez consciencieusement les feuilles de cresson et disposez-les au fond de votre coupe.
2. Recouvrez avec le magret de canard.

♦ *Vinaigrettes conseillées : vinaigrette à l'échalote – vinaigrette au radis noir*

✯ Pourquoi c'est magique ?

Le cresson est l'un des légumes frais les plus riches en vitamine C. Associé aux protéines du magret de canard, cette salade est revitalisante et digeste.

SALADE DE POMMES DE TERRE AUX AROMATES

antiballonnement - anti-rétention d'eau - antioxydante - belle peau - stop-faim - détox

Temps de préparation : 10 minutes

Temps de cuisson : 20 minutes.

Ingrédients : 2 pommes de terre, 1 banane plantain, 1/2 mangue, 10 olives noires dénoyautées, 1 c. à s. de câpres, 3 cornichons.

1. Faites cuire les pommes de terre dans une casserole d'eau bouillante salée durant 20 minutes.
2. Épluchez la banane et coupez-la en rondelles.
3. Pelez et coupez la mangue en morceaux.
4. Dans votre coupe, mélangez les pommes de terre épluchées et coupées en rondelles, la banane, la mangue, les olives, les câpres et les cornichons coupés en rondelles.

Vinaigrettes conseillées : vinaigrette italienne – vinaigrette pomme-cannelle

✯ Pourquoi c'est magique ?

Des pommes de terre pour réguler la sphère digestive et apporter des sucres lents, associées à la mangue et aux câpres aux vertus diurétiques, composent une salade antioxydante et énergétique.

SALADE DE HARENG AU RIZ ET AUX FRUITS

anti-rétention d'eau - belle peau - stop-faim - anticellulite

Temps de préparation : 10 minutes

Temps de cuisson : 10 minutes

Ingrédients : 50 g de riz basmati, 1 filet de hareng doux fumé, 1/2 pomme verte, 1/2 oignon rouge, 1 tranche d'ananas, 10 baies roses.

1. Faites cuire le riz dans une casserole d'eau bouillante salée durant 10 minutes.
2. Épluchez la pomme et coupez-la en lamelles.
3. Épluchez et émincez l'oignon.
4. Coupez l'ananas en dés.
5. Coupez le hareng en fines lamelles.
6. Dans votre coupe, mélangez le riz égoutté, la pomme, l'oignon, le hareng et l'ananas.
7. Parsemez de baies roses.

- *Vinaigrettes conseillées : vinaigrette blanche aux épices – vinaigrette huile d'olive et citron*

✯ Pourquoi c'est magique ?

Sucres lents, protéines, fruits antioxydants et diurétiques pour une salade savoureuse qui vous redonnera du tonus et de l'énergie à revendre !

SALADE DE TAGLIATELLES AU SAUMON CRU

antidiabète - belle peau - stop-faim - détox

Temps de préparation : 10 minutes
Temps de cuisson : 10 minutes

Ingrédients : 50 g de tagliatelles, 1 courgette, 1 pavé de saumon, 1 oignon, 10 feuilles de basilic, 1 c. à c. d'huile d'olive.

1. Faites cuire les tagliatelles dans une casserole d'eau bouillante salée durant 10 minutes.
2. Lavez et coupez la courgette en lamelles. Faites-la revenir dans l'huile avec l'oignon émincé durant 10 minutes.
3. Découpez le saumon cru en lamelles.
4. Dans votre coupe, mélangez les tagliatelles avec les courgettes et l'oignon.
5. Recouvrez avec les lamelles de saumon cru.
6. Parsemez du basilic rincé et ciselé.

♦ *Vinaigrettes conseillées : vinaigrette huile d'olive et citron – vinaigrette aux œufs de saumon*

☆ Pourquoi c'est magique ?

La courgette et le basilic, diurétiques et digestifs se marient très bien avec les pâtes et le saumon pour obtenir une salade énergétique au goût parfumé.

SALADE DE RIZ COMPLET À L'ORANGE

belle peau - stop-faim - détox - stimulante

Temps de préparation : 10 minutes
Temps de cuisson : 10 minutes

Ingrédients : 50 g de riz complet, 2 carottes, 1/2 poivron orange, 1 orange, 10 olives noires dénoyautées, 1 oignon, 1 c. à s. de gingembre frais râpé.

1. Faites cuire le riz et les carottes épluchées dans une casserole d'eau bouillante salée durant 10 minutes.
2. Lavez, épépinez et coupez le poivron en lamelles.
3. Épluchez et émincez l'oignon.
4. Épluchez l'orange, séparez ses quartiers.
5. Dans votre coupe, mélangez le riz égoutté et les carottes en rondelles avec le poivron et l'oignon.
6. Décorez avec les quartiers d'orange et les olives.
7. Saupoudrez de gingembre.

Vinaigrettes conseillées : vinaigrette aux agrumes – vinaigrette au lait de soja

✯ Pourquoi c'est magique ?

Le riz complet, d'un bon apport protéique, riche en magnésium et en fibres, renferme tous les nutriments de la plante. Cette salade redonne du peps et de l'énergie grâce aux fruits et légumes diurétiques et antioxydants, ainsi qu'au gingembre frais.

SALADE DE TAGLIATELLES ET POURPIER

antistress - confort digestif - belle peau - détox

Temps de préparation : 10 minutes

Temps de cuisson : 10 minutes

Ingrédients : 50 g de tagliatelles, 1 petit bouquet de pourpier, 1 tranche de foie gras de canard, 10 baies roses.

1. Faites cuire les tagliatelles dans une casserole d'eau bouillante salée durant 10 minutes.
2. Pendant ce temps, lavez les feuilles de pourpier puis déposez-les au fond de votre coupe.
3. Recouvrez avec les tagliatelles tièdes puis déposez la tranche de foie gras au-dessus.
4. Saupoudrez de baies roses.

♦ *Vinaigrettes conseillées : vinaigrette à la grenade – vinaigrette au miel*

✯ Pourquoi c'est magique ?

Utilisé comme légume et plante médicinale dans l'Égypte ancienne pour son action anti-inflammatoire sur les voies digestives et pulmonaires, le pourpier est riche en antioxydants. Avec les pâtes, le foie gras et les baies roses, cette salade représente un plat tout à fait équilibré.

SALADE THAÏE

anti-rétention d'eau - belle peau - stop-faim - détox

Temps de préparation : 10 minutes
Temps de cuisson : 10 minutes

Ingrédients : 50 g de riz basmati, 1 c. à s. de menthe fraîche, 1 c. à s. de coriandre fraîche, 1 c. à s. de ciboulette fraîche, 1 tige de citronnelle fraîche, 10 pousses de soja, 1 blanc de poulet cuit.

1. Faites cuire le riz durant 10 minutes dans une casserole d'eau bouillante salée. Égouttez-le.
2. Dans votre coupe, placez le riz.
3. Lavez et ciselez les herbes.
4. Recouvrez le riz avec les pousses de soja, le poulet détaillé en fines lamelles et les herbes fraîches.

♦ *Vinaigrettes conseillées : vinaigrette thaïe – vinaigrette soja-Tabasco*

✯ Pourquoi c'est magique ?

Des protéines avec le poulet et le soja, du riz pour l'énergie, et des herbes pour faciliter la digestion. Une salade légère et très reminéralisante.

Salades de fruits aromatiques

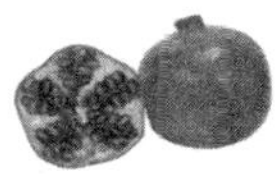

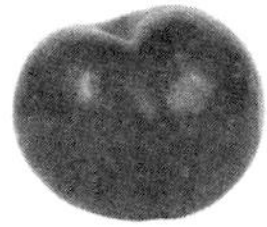

Toutes les recettes sont volontairement sans sucre ajouté. Néanmoins, vous pouvez, selon votre goût, saupoudrer vos salades de fruits de sucre en poudre, de sucre de canne, d'aspartam, de sucre vanillé ou ajouter un peu de miel.

Elles sont concues pour une personne

SALADE DE FRAISES À LA MENTHE FRAÎCHE

antistress - ventre plat - jambes légères - hyperlight

Temps de préparation : 5 minutes

Ingrédients : 15 belles fraises, 1 citron, 10 feuilles de menthe fraîche.

1. Rincez, équeutez les fraises, coupez-les en deux puis disposez-les au fond de la coupe.
2. Arrosez-les de jus de citron.
3. Rincez les feuilles de menthe et parsemez-en la salade.

✫ Pourquoi c'est magique ?

Une salade rafraîchissante, diurétique et digestive qui permet de détoxifier l'organisme.

SALADE DE FRUITS EXOTIQUES

antistress - ventre plat - détox - jambes légères - hyperlight - anticellulite

Temps de préparation : 10 minutes

Ingrédients : 1 carambole, 1/2 mangue, 1 figue de Barbarie, 1/2 papaye, 1 grenade, 1 citron vert, 1 c. à c. de cannelle.

1. Épluchez la mangue et coupez-la en lamelles.
2. Lavez et coupez la carambole en tranches dans le sens de la largeur.
3. Coupez la figue de Barbarie en deux et récupérez la chair.
4. Épluchez et coupez la papaye en lamelles.
5. Coupez la grenade en deux puis mixez la chair.
6. Dans votre coupe, mélangez la chair de grenade et de figue de Barbarie. Arrosez de citron puis mélangez.
7. Ajoutez les autres fruits et saupoudrez de cannelle.

✯ Pourquoi c'est magique ?

Une salade brûle-graisses pour détoxifier l'organisme et lutter contre la cellulite.

SALADE DE FRUITS FRAIS ET SECS

antistress - ventre plat - belle peau - détox - jambes légères - stop-faim

Temps de préparation : 10 minutes
Temps de cuisson : 5 minutes

Ingrédients : 3 abricots secs, 3 pêches séchées, 3 nectarines séchées, 3 pruneaux dénoyautés, 5 litchis, 1 anone « pomme cannelle », 1/2 papaye, 1 c. à c. de cannelle, 1 yaourt nature, 1 citron vert.

1. Dans une casserole remplie d'eau, laissez tremper les fruits secs avec la cannelle durant 5 minutes.
2. Dans votre coupe, déposez les fruits secs.
3. Épluchez et coupez la papaye en lamelles.
4. Coupez l'anone en deux, retirez les pépins et récupérez la chair à la cuillère.
5. Recouvrez les fruits secs avec les litchis, les lamelles de papaye et la chair de l'anone.
6. Dans un bol, mélangez le yaourt avec le jus de citron puis versez sur la salade avant de servir.

✯ Pourquoi c'est magique ?

Des fruits secs pour réguler le transit intestinal et des fruits diurétiques pour favoriser l'élimination des déchets et des toxines.

SALADE GOYAVE, POMME VERTE

ventre plat - anti-rétention d'eau - antioxydante - belle peau - détox - hyperlight

Temps de préparation : 10 minutes

Ingrédients : 1/2 goyave, 1/2 pomme verte, 1 citron vert, 1/2 c. à c. de cannelle, 1/2 c. à c. de vanille en poudre, 1/2 c. à c. de badiane en poudre.

1. Pelez, épépinez la goyave et coupez-la en dés.
2. Épluchez et coupez la pomme en lamelles.
3. Arrosez de jus de citron.
4. Saupoudrez de cannelle, de badiane et de vanille.

✯ Pourquoi c'est magique ?

Une salade reminéralisante et diurétique grâce à la goyave, et digestive grâce aux pectines contenues dans la pomme.

SALADE NASHI, RAISINS, GRENADE

ventre plat - anti-rétention d'eau - belle peau - jambes légères - stop-faim

Temps de préparation : 10 minutes

Ingrédients : 1 nashi, 1 grenade, 1 citron vert, 20 grains de raisin, 1 c. à c. raisins secs.

1. Pelez le nashi et coupez-le en dés.
2. Coupez la grenade en deux et récupérez la chair.
3. Rincez les grains de raisin.
4. Dans votre coupe, mélangez les dés de nashi et les grains de raisin.
5. Recouvrez avec la chair de grenade et les raisins secs.
6. Arrosez de jus de citron.

✯ Pourquoi c'est magique ?

Une salade de fruits antioxydante aux pouvoirs désinfiltrants.

SALADE ABRICOTS, CERISES, GRENADE

antistress - ventre plat - anti-rétention d'eau - belle peau - détox - stop-faim

Temps de préparation : 10 minutes

Ingrédients : 2 abricots, 1 grenade, 1 citron vert, 1 poignée de cerises, 3 figues, 1 petit fromage blanc.

1. Lavez, dénoyautez les abricots et coupez-les en morceaux.
2. Coupez la grenade en deux, récupérez la chair et mixez-la.
3. Rincez, équeutez et dénoyautez les cerises.
4. Coupez les figues en quatre.
5. Dans votre coupe, mélangez les fruits.
6. Dans un récipient, mélangez la chair de grenade mixée avec le fromage blanc et le jus de citron.
7. Nappez les fruits de cette préparation.

✯ Pourquoi c'est magique ?

La cerise et le citron sont des dépuratifs puissants, l'abricot et la figue régulent le transit intestinal ! Une salade aussi digeste que diététique.

SALADE POMME, PRUNES, GRENADE

ventre plat - anti-rétention d'eau - détox - jambes légères - hyperlight

Temps de préparation : 10 minutes

Ingrédients : 1 pomme, 1 grenade, 1 citron vert, 2 prunes, 1 yaourt à la vanille.

1. Épluchez et coupez la pomme en lamelles.
2. Coupez la grenade en deux, récupérez la chair et mixez-la.
3. Rincez, dénoyautez les prunes et coupez-les en morceaux.
4. Dans votre coupe, mélangez les fruits, ajoutez la chair de grenade mixée, arrosez de jus de citron et nappez de yaourt à la vanille.

✯ Pourquoi c'est magique ?

La salade dépurative par excellence qui draine l'organisme et lui permet d'éliminer les toxines. À noter que la pomme freine l'action laxative des autres fruits.

SALADE PÊCHE, FRAISES, GRENADE

antistress - ventre plat - belle peau - détox - jambes légères - hyperlight

Temps de préparation : 10 minutes

Ingrédients : 1 pêche, 1 grenade, 10 belles fraises, 1 orange.

1. Pelez, dénoyautez et coupez la pêche en morceaux.
2. Coupez la grenade en deux, récupérez la chair et mixez-la.
3. Rincez, équeutez et coupez les fraises en deux.
4. Pressez l'orange.
5. Dans votre coupe, mélangez les fruits avec la chair de grenade mixée puis arrosez de jus d'orange.

✯ Pourquoi c'est magique ?

Une salade à fort pouvoir antioxydant pour conserver une belle peau et un teint éclatant.

SALADE DE GRENADE À LA FLEUR D'ORANGER

antistress - ventre plat - anti-rétention d'eau - belle peau - détox

Temps de préparation : 10 minutes

Ingrédients : 2 grenades, 2 abricots, 20 grains de raisin, 3 pruneaux, 1 c. à s. d'amandes effilées, 1 c. à s. de fleur d'oranger.

1. Rincez, dénoyautez et coupez les abricots en morceaux.
2. Coupez les grenades en deux, récupérez la chair et mixez-la.
3. Rincez les grains de raisin.
4. Dénoyautez les pruneaux.
5. Dans votre coupe, mélangez les fruits avec la chair de grenade mixée, saupoudrez d'amandes et arrosez de fleur d'oranger.

✯ Pourquoi c'est magique ?

Une salade gorgée de vitamines et de sels minéraux avec un effet apaisant procuré par la fleur d'oranger.

SALADE DE GRENADE PIMENTÉE AUX AGRUMES

ventre plat - anti-rétention d'eau - belle peau - jambes légères - hyperlight

Temps de préparation : 10 minutes

Ingrédients : 2 grenades, 1/2 pamplemousse, 1 orange, 1 citron vert, 1 mangoustan, 1 c. à s. de coriandre fraîche hachée, 1 c. à c. de poudre de piment.

1. Coupez le pamplemousse en morceaux.
2. Épluchez l'orange et coupez-la en quartiers.
3. Épluchez le mangoustan et coupez-le en quartiers.
4. Coupez les grenades en deux, récupérez la chair et mixez-la.
5. Dans votre coupe, mélangez les morceaux d'agrumes avec la chair de grenade mixée, arrosez de citron, parsemez de coriandre et saupoudrez de piment.

✯ Pourquoi c'est magique ?

Un cocktail de vitamine C pour retrouver de l'énergie avec des fruits diurétiques et antioxydants. La coriandre et le piment vont faciliter la digestion.

SALADE FRUIT DE LA PASSION, MANGUE, PAPAYE

antistress - anti-rétention d'eau - belle peau - détox - stop-faim

Temps de préparation : 10 minutes

Ingrédients : 1 fruit de la passion, 1/2 mangue, 1/2 papaye, 1 orange, 5 rondelles de banane, 1 c. à c. de cannelle.

1. Épluchez la mangue et coupez-la en lamelles.
2. Pelez et détaillez la papaye en fines tranches.
3. Coupez le fruit de la passion en deux et récupérez la chair à l'aide d'une cuillère.
4. Dans votre coupe, mélangez les lamelles de mangue et de papaye, ajoutez les rondelles de banane et la chair du fruit de la passion, arrosez de jus d'orange et saupoudrez de cannelle.

✯ Pourquoi c'est magique ?

Une salade de fruits tropicale pleine de vitamines et de minéraux avec une action dépurative, diurétique et antispasmodique.

SALADE FEIJOA, POMME, ANANAS

antifatigue - ventre plat - anti-rétention d'eau - anticellulite - hyperlight

Temps de préparation : 10 minutes

Ingrédients : 2 feijoas, 1 pomme, 1 citron vert, 1 tranche d'ananas, 1 c. à c. de vanille en poudre.

1. Coupez les feijoas en deux et récupérez la chair à l'aide d'une cuillère.
2. Épluchez et coupez la pomme en lamelles.
3. Coupez l'ananas en morceaux.
4. Dans votre coupe, mélangez les lamelles de pomme et les morceaux d'ananas, la chair des feijoas, arrosez de jus de citron et saupoudrez de vanille.

✯ Pourquoi c'est magique ?

Une soupe fraîcheur antioxydante qui favorise la digestion et l'élimination des toxines. À noter que le feijoa et le citron aident à chasser la fatigue.

SALADE AUX DEUX MELONS

ventre plat - détox - jambes légères - stop-faim - superlight - stimulante

Temps de préparation : 10 minutes

Ingrédients : 1/2 melon cantaloup, 1/2 melon miel, 5 litchis, 1 c. à c. de cannelle, 1 c. à c. de gingembre en poudre, 1 c. à c. de miel liquide, 5 feuilles de menthe fraîche.

1. Coupez les melons en morceaux.
2. Épluchez et dénoyautez les litchis.
3. Dans votre coupe, mélangez les morceaux de melon et les litchis, saupoudrez de cannelle et de gingembre puis versez le miel.
4. Décorez avec les feuilles de menthe.

✯ Pourquoi c'est magique ?

Une salade de fruits anti-eau qui redonne de l'énergie grâce au gingembre tout en régulant le transit grâce à la menthe.

SALADE LITCHIS, RAISINS, GROSEILLES

antifatigue - antistress - anti-rétention d'eau - hyperlight

Temps de préparation : 5 minutes

Ingrédients : 10 litchis, 20 grains de raisin, 20 groseilles, 1 orange.

1. Rincez les raisins et les groseilles.
2. Épluchez et dénoyautez les litchis.
3. Pressez l'orange.
4. Dans votre coupe, mélangez les raisins, les groseilles et les litchis et arrosez de jus d'orange.

✯ Pourquoi c'est magique ?

Une salade de fruits désaltérante pour lutter efficacement contre la rétention d'eau.

SALADE DE MANGUE AUX FLEURS DE BLEUET

antifatigue - anti-rétention d'eau - belle peau - hyperlight - antiseptique

Temps de préparation : 5 minutes

Ingrédients : 1 mangue, 10 belles fraises, 10 framboises, 1 orange, 10 pétales de bleuet.

1. Épluchez la mangue et coupez-la en lamelles.
2. Rincez et équeutez les fraises.
3. Rincez rapidement les framboises.
4. Pressez l'orange.
5. Dans votre coupe, mélangez les lamelles de mangue avec les fraises et les framboises, parsemez de fleurs de bleuet et arrosez de jus d'orange.

✮ Pourquoi c'est magique ?

Une salade antioxydante et diurétique pour faire le plein de vitamines. À noter que les pétales de bleuet ont une action fortifiante et stimulante : ils facilitent la digestion, renforcent l'activité du foie et la résistance aux infections.

SALADE AVOCAT ET DATTES

antifatigue - ventre plat - belle peau - détox - stop-faim

Temps de préparation : 10 minutes

Ingrédients : 1 avocat, 1/2 pamplemousse, 1/2 poivron rouge, 10 dattes, 1 citron vert.

1. Pelez et découpez l'avocat en fines tranches.
2. Épépinez et coupez le poivron en lamelles.
3. Dans votre coupe, mélangez l'avocat, le poivron et le pamplemousse coupé en morceaux.
4. Décorez avec les dattes.
5. Arrosez avec le jus de citron vert.

✮ Pourquoi c'est magique ?

Une salade riche en fruits et légumes antioxydants avec des dattes pour retrouver de la vitalité.

SALADE ACIDULÉE DE FRUITS ROUGES

antifatigue - ventre plat - anti-rétention d'eau - belle peau - détox - hyperlight

Temps de préparation : 5 minutes

Ingrédients : 15 baies de cassis, 15 groseilles, 10 mûres, 10 myrtilles, 10 framboises, 1 citron vert, 1 c. à s. de menthe fraîche hachée, 1 c. à c. de noix de muscade râpée, 4 kumquats.

1. Rincez les cassis, les groseilles, les mûres, les myrtilles et les framboises.
2. Dans votre coupe, mélangez les fruits rouges et arrosez-les de jus de citron.
3. Parsemez de menthe et saupoudrez de muscade.
4. Décorez avec les kumquats coupés en deux.

✯ Pourquoi c'est magique ?

Une salade de fruits antioxydante pour conserver jeunesse et vitalité en faisant le plein de vitamine C. Le haut pouvoir détox des fruits rouges favorisera l'amincissement.

SALADE AU CHADEC ET AU PAMPLEMOUSSE

antifatigue - ventre plat - belle peau - détox - jambes légères - hyperlight

Temps de préparation : 5 minutes

Ingrédients : 1 chadec, 1/2 pamplemousse, 1 orange, 1 citron vert, 10 feuilles de menthe.

1. Coupez le chadec, le pamplemousse et l'orange en quartiers.
2. Dans votre coupe, mélangez les morceaux de fruits.
3. Arrosez de citron vert et parsemez de feuilles de menthe.

✯ Pourquoi c'est magique ?

Une salade de fruits vitaminée à consommer au petit déjeuner pour avoir la pêche toute la journée.

SALADE LONGANES ET LITCHIS

antifatigue - antistress - ventre plat - anti-rétention d'eau - belle peau - détox - hyperlight - antihypertension

Temps de préparation : 5 minutes

Ingrédients : 10 longanes, 10 litchis, 1 citron vert, 1 petit-suisse nature, 1 c. à c. de vanille en poudre.

1. Épluchez et dénoyautez les longanes et les litchis.
2. Dans votre coupe, mélangez les fruits.
3. Nappez avec le petit-suisse et arrosez de jus de citron. Mélangez.
4. Saupoudrez de vanille.

✯ Pourquoi c'est magique ?

Une salade de fruits reminéralisante qui lutte contre la fatigue et l'anxiété. Avec le citron, l'action diurétique est renforcée.

SALADE EXOTIQUE AU THÉ À LA MENTHE

antifatigue - anti-rétention d'eau - jambes légères - hyperlight - anticellulite

Temps de préparation : 10 minutes

Temps de cuisson : 15 secondes

Ingrédients : 1/2 mangue, 1/2 goyave, 1 tranche d'ananas, 1 figue de Barbarie, 1 sachet de thé à la menthe, 1 citron vert.

1. Épluchez la mangue et coupez-la en lamelles.
2. Pelez, épépinez la goyave et coupez-la en dés.
3. Coupez l'ananas en morceaux.
4. Coupez la figue de Barbarie en deux et récupérez la chair à l'aide d'une cuillère.
5. Dans votre coupe, mélangez tous les fruits.
6. Dans un bol, pressez le citron et faites-le chauffer 15 secondes au micro-ondes. Laissez infuser le sachet de thé à la menthe dans le citron durant 3 minutes.
7. Versez sur la salade.

✭ Pourquoi c'est magique ?

Une salade de fruits diurétique, dépurative et antiseptique, à consommer en cas d'état fébrile et de manque d'énergie.

SALADE EXOTIQUE AU LAIT DE COCO

anti-rétention d'eau - antioxydante - belle peau - détox - stop-faim - anticellulite

Temps de préparation : 10 minutes

Ingrédients : 1 tranche d'ananas, 5 longanes, 1/2 mangue, 1/2 papaye, 20 cl de lait de coco, 5 feuilles de menthe fraîche.

1. Coupez l'ananas en morceaux.
2. Épluchez et dénoyautez les longanes.
3. Épluchez la mangue et coupez-la en tranches fines.
4. Épluchez la papaye, enlevez les graines et coupez-la en lamelles.
5. Dans votre coupe, mélangez tous les fruits.
6. Arrosez de lait de coco et parsemez de feuilles de menthe.

✯ Pourquoi c'est magique ?

Une salade de fruits détox et antioxydante pour éliminer les toxines et désincruster la cellulite. Quant au lait de coco, sa richesse en fibres, protéines, antioxydants, vitamines et minéraux est un partenaire minceur idéal pour conserver une belle énergie.

SALADE NASHI, KIWI, LITCHI

anticholestérol - ventre plat - antioxydante - détox - jambes légères - stop-faim

Temps de préparation : 10 minutes

Ingrédients : 1 nashi, 1 kiwi, 10 litchis, 1 citron vert, 15 pistaches émondées.

1. Pelez et coupez le nashi en morceaux.
2. Épluchez et coupez le kiwi en rondelles.
3. Épluchez et dénoyautez les litchis.
4. Dans votre coupe, mélangez les fruits.
5. Parsemez de pistaches et arrosez de jus de citron.

✯ Pourquoi c'est magique ?

Une salade très diurétique et reminéralisante tout en étant digeste grâce aux fibres du nashi. À noter que la consommation régulière de pistaches contribuerait à abaisser le taux de cholestérol.

SALADE D'ÉTÉ À LA MENTHE FRAÎCHE

ventre plat - anti-rétention d'eau - détox - jambes légères - hyperlight

Temps de préparation : 10 minutes

Ingrédients : 2 abricots, 1 pêche, 1 kiwi, 1/2 papaye, 1 citron vert, 10 feuilles de menthe fraîche.

1. Rincez, dénoyautez les abricots et coupez-les en dés.
2. Pelez, dénoyautez et détaillez la pêche en morceaux.
3. Épluchez et coupez le kiwi en rondelles.
4. Épluchez la papaye, enlevez les graines et coupez-la en lamelles.
5. Rincez les feuilles de menthe poivrée.
6. Dans votre coupe, mélangez les abricots, la pêche, le kiwi et la papaye.
7. Arrosez du jus de citron et parsemez de feuilles de menthe poivrée.

✯ Pourquoi c'est magique ?

Une soupe de fruits diurétique et laxative qui aide à retrouver un ventre plat et à éliminer les toxines.

SALADE D'ÉTÉ AU COCO RÂPÉ

anticholestérol - antidiabète - anti-rétention d'eau - belle peau - stop-faim

Temps de préparation : 10 minutes

Ingrédients : 1 banane, 1/2 mangue, 1 kiwi, 10 belles fraises, 1 citron vert, 2 c. à s. de noix de coco râpé.

1. Épluchez puis coupez la banane et le kiwi en rondelles.
2. Pelez et détaillez la mangue en lamelles.
3. Équeutez, rincez et coupez les fraises en deux.
4. Dans votre coupe, mélangez la banane et le kiwi avec la mangue et les fraises.
5. Arrosez de jus de citron et parsemez de noix de coco râpée.

✯ Pourquoi c'est magique ?

Une salade de fruits aux mille vertus : diurétique, reminéralisante, digestive, antioxydante, avec le coco recommandé aux diabétiques, tout en étant indiqué pour faire baisser le taux de cholestérol.

SALADE FRAISES-FRAMBOISES AU BASILIC

ventre plat - anti-rétention d'eau - détox - jambes légères - hyperlight

Temps de préparation : 10 minutes

Ingrédients : 10 belles fraises, 15 framboises, 1 citron vert, 2 c. à s. de basilic frais haché.

1. Rincez, équeutez et coupez les fraises en deux.
2. Rincez rapidement les framboises.
3. Dans votre coupe, mélangez les fraises et les framboises.
4. Arrosez de jus de citron et parsemez de basilic frais.

✯ Pourquoi c'est magique ?

Diurétique et dépurative, c'est la salade de fruits idéale en cas de ballonnements pour retrouver un ventre plat et fondre de plaisir.

SALADE DE PASTÈQUE AUX ÉPICES

antifatigue - ventre plat - anti-rétention d'eau - hyperlight - stimulante

Temps de préparation : 10 minutes

Ingrédients : 2 tranches de pastèque, 1 c. à s. de menthe poivrée hachée, 1 c. à s. de coriandre hachée, 1/2 c. à c. de poudre de piment d'Espelette.

1. Épépinez et coupez la pastèque en morceaux.
2. Dans votre coupe, disposez les morceaux de pastèque.
3. Parsemez de menthe et de coriandre et saupoudrez de piment d'Espelette.

✯ Pourquoi c'est magique ?

Une salade de fruits diurétique grâce à la pastèque mais aussi stimulante et revitalisante grâce à la menthe poivrée, la coriandre et le piment.

SALADE DE PÊCHE AUX MÛRES

antifatigue - ventre plat - belle peau - détox - hyperlight

Temps de préparation : 10 minutes

Ingrédients : 1 pêche, 20 mûres, 1 citron vert, 1 c. à c. de cannelle, 5 feuilles de menthe fraîche.

1. Épluchez, dénoyautez et coupez la pêche en morceaux.
2. Rincez les mûres.
3. Dans votre coupe, mélangez la pêche et les mûres.
4. Arrosez du jus de citron, saupoudrez de cannelle et parsemez de feuilles de menthe.

✯ Pourquoi c'est magique ?

Une salade de fruits diurétique et reconstituante grâce à la pêche et au citron, et digestive grâce à la cannelle et la menthe.

SALADE PAPAYE-FRAMBOISES

antifatigue - ventre plat - anti-rétention d'eau - détox - stop-faim - stimulante

Temps de préparation : 10 minutes

Ingrédients : 1 papaye, 15 framboises, 1 citron vert, 5 dés de gingembre confit, 20 cl de lait de coco.

1. Épluchez la papaye, enlevez les graines et coupez-la en lamelles.
2. Rincez rapidement les framboises.
3. Dans votre coupe, mélangez la papaye et les framboises.
4. Arrosez du jus de citron, ajoutez les dés de gingembre confit et versez le lait de coco.

✯ Pourquoi c'est magique ?

La framboise vous aidera à éliminer les toxines tandis que la papaye et le gingembre vont réguler le transit intestinal. Quant au lait de coco, il vous fournira un bon apport en protéine végétale et de l'énergie pour la journée.

SALADE DE FRUITS À L'INDIENNE

antifatigue - ventre plat - antioxydante - belle peau - détox - hyperlight

Temps de préparation : 10 minutes

Ingrédients : 10 grains de raisin, 1 orange, 1 tranche de melon, 1/2 mangue, 1 citron vert, 1 c. à c. de cumin en poudre, 1 c. à s. de coriandre fraîche hachée, 10 graines de cumin.

1. Rincez les grains de raisin.
2. Épluchez l'orange, séparez les quartiers.
3. Coupez le melon en morceaux.
4. Épluchez et coupez la mangue en lamelles.
5. Dans votre coupe, mélangez le raisin, l'orange, le melon et la mangue.
6. Arrosez du jus de citron, saupoudrez de cumin et parsemez de coriandre et des graines de cumin.

✭ Pourquoi c'est magique ?

Une salade de fruits orientale pour faire le plein de vitamines tout en régulant le transit intestinal. De plus, les fruits antioxydants qui la composent auront le plus bel effet sur votre peau.

SALADE DE PAPAYE AUX CACAHUÈTES

anticholestérol - antifatigue - belle peau - détox - stop-faim - stimulante

Temps de préparation : 10 minutes

Ingrédients : 1 papaye, 20 cacahuètes salées, 1 citron vert, 1/2 c. à c. piment en poudre, 1 c. à s. de menthe fraîche.

1. Épluchez et coupez la papaye en lamelles.
2. Dans votre coupe, mélangez la papaye avec les cacahuètes.
3. Arrosez du jus de citron, parsemez de menthe hachée et saupoudrez de piment.

✯ Pourquoi c'est magique ?

Les cacahuètes sont une source concentrée de protéines avec un assemblage de huit acides aminés « essentiels ». Elles sont exemptes de cholestérol, un atout supplémentaire pour éviter les maladies vasculaires. Elles stimulent le processus de digestion et sont riches en vitamines A, B et E, indispensables au bon fonctionnement de l'organisme. Avec la papaye, la menthe et le piment aux vertus digestives, le citron vert qui nettoie l'organisme en profondeur, cette salade redynamisera les organismes fatigués !

Table des matières

Pour recevoir notre catalogue, merci de bien vouloir photocopier, recopier ou découper ce questionnaire et nous le retourner complété à :

Éditions Leduc.s
33 rue Linné
75005 Paris

Vous pouvez aussi répondre au formulaire disponible sur Internet :

www.leduc-s.com

NOM : ....

PRÉNOM : ....

ADRESSE : ....

....

CODE POSTAL : ....

VILLE : ....

PAYS : ....

ADRESSE@MAIL : ....

ÂGE : ....

PROFESSION : ....

Titre de l'ouvrage dans lequel est insérée cette page :

Mes petites salades magiques

Lieu d'achat : ....

Avez-vous une suggestion à nous faire ?

....

....

....

À .... LE ....

Conformément à la loi Informatique et Libertés du 6 janvier 1978, vous disposez d'un droit d'accès et de rectification aux données personnelles vous concernant.

Achevé d'imprimer en Espagne par
LITOGRAFIA ROSÉS S.A.
Gavà (08850)
Dépôt légal : mars 2010